KONSTANTIN LAMBERTUS

WILDBRET KOCHBUCH

Email: info@edition-lunerion.de
www.edition-lunerion.de

Psiana eCom UG
Berumer Str. 44
26844 Jemgum

Vorwort

Wild gibt's bei Ihnen bislang höchstens an Feiertagen? Sie haben sich noch nie selbst an die Zubereitung gewagt, sondern nur im Restaurant zugegriffen? Eigentlich würden Sie Reh, Wildschwein, Kaninchen & Co. gerne öfter genießen, aber der Aufwand ist Ihnen zu groß? Dann ist es höchste Zeit, Wild von seiner unkomplizierten und alltagstauglichen Seite kennenzulernen, und dieses Kochbuch zeigt Ihnen, wie! Für die moderne, gesundheits- und umweltbewusste Küche ist Wild eigentlich unverzichtbar: naturnah, nachhaltig, fettarm und proteinreich und dazu müssen Sie sich um Massentierhaltung, Antibiotika & Co. keinerlei Gedanken machen. Überdies punktet es mit ganz besonderer Geschmackfülle sowie reichen Aromen – Grund genug, Fasan, Hirsch und weitere Waldbewohner viel öfter auf den Tisch zu bringen, und mit diesen Rezepten wird das zum Kinderspiel. Ob deftiges Frühstück, unkomplizierte Salate, Suppen und Eintöpfe, raffinierte Festtagsmenüs oder alltagstaugliche Sattmacher für die ganze Familie – hier finden Sie eine Riesenauswahl an Genuss-Ideen für alle Geschmäcker, Situationen und Anlässe.

Guten Appetit!

INHALT

Delikatesse Wildfleisch

Wildfleisch ist eine wahre Delikatesse, die nicht nur für ihre herausragenden Aromen und Texturen bekannt ist, sondern auch für ihre nachhaltige und natürliche Herkunft. Dieses Kochbuch widmet sich ganz der Kunst, Wildfleisch in all seiner Vielfalt zuzubereiten und zu genießen. Es hat eine lange Geschichte und eine tiefe Verbindung zur Natur. Seit jeher hat der Mensch Wildtiere gejagt und ihr Fleisch zu Nahrung gemacht. In vielen Kulturen und Traditionen ist die Jagd eine wichtige Quelle für Nahrung und ein Symbol für die Verbundenheit mit der Natur. Mit diesem Kochbuch möchten wir diese Verbindung wiederherstellen und Ihnen zeigen, wie Sie das Beste aus dem Wildfleisch herausholen können.

Wildfleisch ist vielseitig und kann auf unzählige Arten zubereitet werden. Von zarten Wildschweinsteaks über aromatische Rehbraten bis hin zu herzhaftem Wildgulasch, die Bandbreite der Gerichte ist enorm. In diesem Kochbuch finden Sie eine umfangreiche Sammlung von Rezepten, die von klassischen Wildgerichten bis hin zu modernen und kreativen Kreationen reichen. Wir haben sorgfältig erprobte Rezepte ausgewählt, die Ihnen helfen, die einzigartigen Aromen des Wildfleischs zu entdecken und Ihren Gaumen zu verwöhnen.

Frühstück

FRISCHKÄSE-AUFSTRICH MIT ZWIEBELN

 6 Port.  30 Min.  Leicht

Zutaten

200 g Wildfleisch (z. B. Hirsch, Reh oder Wildschwein)
100 g Frischkäse
1 kleine Zwiebel
1 Knoblauchzehe
1 EL Olivenöl
Salz und Pfeffer nach Geschmack

Nährwerte p. P.

174 kcal
2 g Kohlenhydrate
11 g Fett
0 g Ballaststoffe
16 g Protein

1 Wenn Sie Wildaufstrich zubereiten möchten, beginnen Sie damit, das Wildfleisch in kleine Würfel zu schneiden. Sie können dafür Hirsch, Reh oder Wildschwein verwenden, je nachdem, was verfügbar ist oder was Ihnen am besten schmeckt. Anschließend erhitzen Sie Olivenöl in einer Pfanne und braten das Wildfleisch darin an, bis es gut durchgebraten ist.

2 Während das Wildfleisch brät, schälen Sie eine kleine Zwiebel und eine Knoblauchzehe und hacken sie fein. Wenn das Wildfleisch fertig gebraten ist, geben Sie es zusammen mit dem Frischkäse, der gehackten Zwiebel und dem Knoblauch in einen Mixer und vermengen alles gründlich, bis eine glatte Masse entsteht.

3 Schmecken Sie den Wildaufstrich mit Salz und Pfeffer ab, bis er Ihren Vorlieben entspricht. Sie können den Aufstrich auch nach Belieben mit Gewürzen wie Thymian oder Rosmarin verfeinern, wenn Sie möchten.

4 Füllen Sie den Wildaufstrich anschließend in ein Glas und bewahren Sie ihn im Kühlschrank auf, bis er serviert wird. Der Aufstrich hält sich im Kühlschrank etwa drei bis vier

5 Tage und eignet sich hervorragend als Brotaufstrich oder Dip für Gemüsesticks.

WILDOMELETTE

1 Port.

20 Min.

Leicht

Zutaten

3 Eier
50 g Wildfleisch (z. B. Hirsch, Reh oder Wildschwein)
1 kleine Zwiebel
1 Knoblauchzehe
1 EL Olivenöl
Salz und Pfeffer nach Geschmack

Optional:
geriebener Käse, frische Kräuter

Nährwerte p. P.

284 kcal
4 g Kohlenhydrate
20 g Fett
0 g Ballaststoffe
20 g Protein

1 Um ein leckeres Wildomelette zu machen, beginnen Sie damit, das Wildfleisch in kleine Würfel zu schneiden. Stellen Sie sicher, dass das Fleisch von allen Seiten gleichmäßig geschnitten ist, damit es beim Anbraten gleichmäßig durchgaren kann.

2 Nun erhitzen Sie eine Pfanne auf mittlerer Hitze und geben Olivenöl hinein. Warten Sie, bis das Öl heiß ist, und geben Sie dann das Wildfleisch in die Pfanne. Braten Sie das Fleisch unter gelegentlichem Rühren an, bis es gut durchgebraten ist.

3 Während das Fleisch brät, können Sie die Zwiebel und den Knoblauch schälen und fein hacken. Sobald das Fleisch fertig gebraten ist, geben Sie die gehackte Zwiebel und den Knoblauch in die Pfanne und braten sie kurz an, bis die Zwiebeln weich sind und das Aroma des Knoblauchs freigesetzt wird.

4 In einer Schüssel verquirlen Sie nun die Eier und würzen sie mit Salz und Pfeffer nach Geschmack. Gießen Sie die Eimischung in die Pfanne und verteilen Sie sie gleichmäßig über das gebratene Fleisch und die Zwiebeln. Optional können Sie geriebenen Käse und/oder frische Kräuter auf das Omelette streuen, um ihm zusätzlichen Geschmack zu verleihen.

5 Lassen Sie das Omelette bei mittlerer Hitze etwa fünf Minuten braten, bis es fest und goldbraun ist. Sobald das Omelette fertig ist, können Sie es in der Pfanne halbieren und auf einen Teller legen. Jetzt ist Ihr leckeres Wildomelette bereit, genossen zu werden!

6 Je nach Belieben können Sie das Rezept variieren und Zutaten wie Paprika, Pilze oder Tomaten hinzufügen. So können Sie das Omelette Ihren Geschmackspräferenzen anpassen.

WILDSCHNITZEL-FRÜHSTÜCK

2 Port. 20 Min. Leicht

Zutaten

2 Wildschnitzel
4 Eier
1 EL Olivenöl
Salz und Pfeffer nach Geschmack

Optional:
frische Kräuter wie Petersilie oder Schnittlauch

Nährwerte p. P.

394 kcal
1 g Kohlenhydrate
21 g Fett
49 g Eiweiß

1 Erhitzen Sie eine Pfanne auf mittlerer Hitze und geben Sie das Olivenöl hinein.

2 Braten Sie die Wildschnitzel in der Pfanne an, bis sie auf beiden Seiten goldbraun sind. Würzen Sie das Fleisch mit Salz und Pfeffer nach Geschmack.

3 Während das Fleisch brät, können Sie die Eier in einer Schüssel verquirlen und ebenfalls mit Salz und Pfeffer würzen.

4 Sobald die Schnitzel fertig sind, nehmen Sie sie aus der Pfanne, legen sie auf einen Teller und stellen sie warm.

5 Gießen Sie die verquirlten Eier in die Pfanne und rühren Sie sanft um, bis sie gestockt und zu Rührei geworden sind.

6 Legen Sie das Rührei auf den Teller neben die Wildschnitzel und garnieren Sie das Gericht nach Belieben mit frischen Kräutern.

WILDES HIRSCH-OMELETTE

2 Port.

20 Min.

Leicht

Zutaten

150 g Hirschfleisch, in kleine Würfel geschnitten
4 Eier
2 EL Milch
1 Zwiebel, fein gehackt
1 Knoblauchzehe, fein gehackt
50 g Champignons, in Scheiben geschnitten
1 EL frische Petersilie, gehackt
Salz und Pfeffer nach Geschmack
2 EL Olivenöl

Nährwerte p. P.

350 kcal
5 g Kohlenhydrate
23 g Fett
1 g Ballaststoffe
32 g Protein

1 In einer Pfanne erhitzen Sie einen Esslöffel Olivenöl auf mittlerer Hitze. Geben Sie das Hirschfleisch in die Pfanne und braten Sie es unter gelegentlichem Rühren, bis es leicht gebräunt ist. Sobald das Fleisch die gewünschte Bräunung erreicht hat, nehmen Sie es vorsichtig mit einem Schöpflöffel aus der Pfanne und stellen es beiseite.

2 Verwenden Sie dieselbe Pfanne und erhitzen Sie erneut einen Esslöffel Olivenöl. Geben Sie die gehackte Zwiebel und den Knoblauch in die Pfanne und schwitzen Sie alles an, bis es weich und duftend ist. Fügen Sie die Champignons hinzu und braten Sie sie weiter, bis sie leicht gebräunt sind. Geben Sie das gebratene Hirschfleisch zurück in die Pfanne und vermischen Sie es gut mit den Zwiebeln, dem Knoblauch und den Champignons. Würzen Sie die Mischung mit Salz und Pfeffer nach Ihrem Geschmack.

3 In einer separaten Schüssel schlagen Sie die Eier auf und geben Milch, Salz und Pfeffer hinzu. Verquirlen Sie die Zutaten gründlich, bis sie gut vermengt sind.

4 Erhitzen Sie eine separate Pfanne und geben Sie etwas Olivenöl hinein. Gießen Sie die verquirlte Eimischung in die Pfanne und verteilen Sie sie gleichmäßig, damit sie die Pfanne bedeckt.

5 Geben Sie die Hirsch-Zwiebel-Mischung über die Hälfte des Omeletts in der Pfanne. Verteilen Sie sie gleichmäßig, um eine gleichmäßige Verteilung des Geschmacks sicherzustellen. Bestreuen Sie die Mischung mit frischer Petersilie, um dem Omelette eine aromatische Note zu verleihen.

6 Klappen Sie das Omelette vorsichtig mit einem Pfannenwender zusammen, sodass die befüllte Hälfte die andere Hälfte bedeckt. Braten Sie das Omelette von beiden Seiten, bis es eine goldbraune Farbe annimmt und die Eier vollständig gestockt sind.

7 Sobald das Omelette fertig ist, legen Sie es auf einen Teller und schneiden es in Viertel, um es servierfertig zu machen. Sie können das Omelette mit einer Beilage Ihrer Wahl servieren, wie zum Beispiel frischem Salat oder geröstetem Brot.

RÜHREI MIT KANINCHEN

2 Port. 20 Min. Leicht

Zutaten

200 g Kaninchenfleisch, in kleine Würfel geschnitten
4 Eier
2 EL Milch
1 Zwiebel, fein gehackt
1 Paprika, in kleine Würfel geschnitten
1 Knoblauchzehe, fein gehackt
1 EL frische Petersilie, gehackt
Salz und Pfeffer nach Geschmack
2 EL Olivenöl

Nährwerte p. P.

330 kcal
6 g Kohlenhydrate
19 g Fett
2 g Ballaststoffe
32 g Protein

1 In einer Pfanne erhitzen Sie einen Esslöffel Olivenöl auf mittlerer Hitze. Geben Sie das Kaninchenfleisch in die Pfanne und braten Sie es unter gelegentlichem Rühren, bis es leicht gebräunt ist. Sobald das Fleisch die gewünschte Bräunung erreicht hat, nehmen Sie es vorsichtig mit einem Schöpflöffel aus der Pfanne und stellen es beiseite.

2 Verwenden Sie dieselbe Pfanne und erhitzen Sie erneut einen Esslöffel Olivenöl. Geben Sie die gehackte Zwiebel, Paprika und Knoblauch in die Pfanne und schwitzen Sie alles an, bis es weich ist. Geben Sie das gebratene Kaninchenfleisch zurück in die Pfanne und vermischen Sie es gut mit den Zwiebeln, Paprika und Knoblauch. Würzen Sie die Mischung mit Salz und Pfeffer nach Ihrem Geschmack.

3 In einer separaten Schüssel schlagen Sie die Eier auf und geben Milch, Salz und Pfeffer hinzu. Verquirlen Sie die Zutaten gründlich, bis sie gut vermengt sind.

4 Erhitzen Sie eine separate Pfanne und geben Sie etwas Olivenöl hinein. Gießen Sie die verquirlte Eimischung in die Pfanne und verteilen Sie sie gleichmäßig, damit sie die Pfanne bedeckt.

5 Geben Sie die Kaninchen-Zwiebel-Paprika-Mischung über das Rührei in der Pfanne. Verteilen Sie sie gleichmäßig, um eine gleichmäßige Verteilung des Geschmacks sicherzustellen. Bestreuen Sie die Mischung mit frischer Petersilie, um dem Rührei eine aromatische Note zu verleihen.

6 Rühren Sie das Rührei vorsichtig mit einem Pfannenwender, bis die Eier gestockt sind und die gewünschte Konsistenz erreicht ist. Achten Sie darauf, dass das Rührei nicht zu trocken wird.

7 Sobald das Rührei fertig ist, legen Sie es auf einen Teller und servieren Sie es mit einer Beilage Ihrer Wahl, wie zum Beispiel frischem Brot oder einem leichten Salat.

BREAKFAST-BURRITO

2 Port.

20 Min.

Leicht

Zutaten

250 g Wildfleisch, gewürfelt
1 Zwiebel, gehackt
1 Knoblauchzehe, gehackt
1 Paprika, in Streifen geschnitten
1 TL Olivenöl
1 TL Kreuzkümmel
1 TL Paprikapulver
Salz und Pfeffer nach Geschmack
4 Tortillafladen
100 g geriebener Käse
1 Avocado, in Scheiben geschnitten
Salsa, Sour Cream und frische Korianderblätter zum Servieren

Nährwerte p. P.

400 kcal
25 g Kohlenhydrate
20 g Fett
5 g Ballaststoffe
25 g Protein

1 Erhitzen Sie das Olivenöl in einer Pfanne auf mittlerer Hitze. Geben Sie die gehackte Zwiebel und den Knoblauch hinzu und braten Sie alles an, bis es weich und duftend ist.

2 Fügen Sie das Wildfleisch, die Paprika, den Kreuzkümmel und das Paprikapulver hinzu. Braten Sie alles zusammen, bis das Fleisch braun und durchgebraten ist. Würzen Sie mit Salz und Pfeffer nach Geschmack.

3 Erhitzen Sie die Tortillafladen kurz in einer separaten Pfanne oder in der Mikrowelle, um sie weicher und flexibler zu machen.

4 Verteilen Sie das Wildfleisch gleichmäßig auf den Tortillafladen. Streuen Sie den geriebenen Käse darüber und legen Sie Avocadoscheiben darauf.

5 Rollen Sie die Tortillafladen zu Burritos, indem Sie die Seiten einklappen und dann von unten nach oben rollen.

6 Legen Sie die Burritos in eine Pfanne und erhitzen Sie sie auf mittlerer Hitze, bis der Käse geschmolzen ist und die Tortillafladen leicht gebräunt sind. Wenden Sie die Burritos während des Erhitzens, um sie gleichmäßig zu bräunen.

7 Servieren Sie die Burritos mit Salsa, Sour Cream und frischen Korianderblättern.

WILDSÜLZE

8 Port.

2 Std.

Leicht

Zutaten

500 g Wildfleisch (z. B. Hirsch oder Wildschwein)
1 Zwiebel, gewürfelt
2 Karotten, geschält und gewürfelt
2 Lorbeerblätter
2 Gewürznelken
2 TL Salz
1 TL Pfeffer
1 TL Senfkörner
1 EL Zucker
4 Blatt Gelatine
750 ml Wasser

Nährwerte p. P.

90 kcal
1 g Kohlenhydrate
4 g Fett
12 g Protein

1 Für die Zubereitung einer leckeren Wildsülze waschen Sie zunächst das Wildfleisch gründlich ab, trocknen es und schneiden es in kleine Würfel. Schälen Sie auch die Zwiebel und Karotten und schneiden Sie diese ebenfalls in kleine Würfel.

2 Kochen Sie nun die Gewürze in einem Topf mit 750 ml Wasser auf und lassen Sie sie bei geringer Hitze für zehn Minuten köcheln. Geben Sie anschließend das Fleisch und das Gemüse zu den Gewürzen in den Topf und lassen Sie alles bei niedriger Hitze für ein bis zwei Stunden kochen, bis das Fleisch schön weich ist.

3 Währenddessen können Sie die Gelatineblätter in kaltem Wasser einweichen. Nehmen Sie dann die Fleisch-Gemüse-Mischung aus dem Topf und lassen Sie sie abkühlen. Entfernen Sie die Gewürze und pürieren Sie die Mischung entweder mit einem Stabmixer oder in einer Küchenmaschine.

4 Die ausgedrückte Gelatine können Sie nun in einem kleinen Topf bei niedriger Hitze schmelzen lassen und dann zur Fleisch-Gemüse-Mischung geben. Vermischen Sie alles gut und füllen Sie die Masse in eine mit Frischhaltefolie ausgelegte Form. Lassen Sie die Wildsülze mindestens zwei Stunden im Kühlschrank fest werden.

5 Zum Schluss können Sie die Wildsülze aus der Form stürzen und in Scheiben schneiden.

Salate

WILDFLEISCHSALAT MIT GURKE, TOMATE UND PAPRIKA

4 Port.

30 Min.

Leicht

Zutaten

200 g Wildfleisch (z. B. Hirsch oder Reh), gekocht und in kleine Stücke geschnitten
½ Kopfsalat, gewaschen und in Stücke gerissen
1 kleine rote Zwiebel, in dünne Scheiben geschnitten
1 rote Paprika, in kleine Stücke geschnitten
½ Gurke, in kleine Stücke geschnitten
1 Handvoll Kirschtomaten, halbiert
2 EL Olivenöl
1 EL Rotweinessig
1 TL Senf
1 TL Honig
Salz und Pfeffer nach Geschmack

Nährwerte p. P.

328 kcal
15 g Kohlenhydrate
18 g Fett
25 g Eiweiß

1 Kochen Sie das Wildfleisch in Wasser oder Brühe, bis es gar ist. Schneiden Sie das Fleisch in kleine Stücke und stellen Sie es beiseite.

2 Waschen Sie den Kopfsalat und reißen Sie ihn in mundgerechte Stücke. Schneiden Sie die Zwiebel, Paprika und Gurke in kleine Stücke und halbieren Sie die Kirschtomaten.

3 In einer Schüssel vermengen Sie das Wildfleisch, den Salat, die Zwiebel, Paprika, Gurke und Kirschtomaten.

4 In einer separaten Schüssel rühren Sie das Olivenöl, den Rotweinessig, den Senf und den Honig zusammen, bis eine glatte Vinaigrette entsteht. Würzen Sie die Vinaigrette mit Salz und Pfeffer nach Geschmack.

5 Geben Sie die Vinaigrette über den Salat und werfen Sie alles gut durch, bis alle Zutaten gleichmäßig mit der Vinaigrette bedeckt sind.

6 Servieren Sie den Wildfleischsalat auf Teller oder in Schalen.

7 Dieser Wildfleischsalat ist reich an Proteinen und enthält viele Nährstoffe aus dem Gemüse. Er eignet sich gut als leichtes Mittagessen oder als Vorspeise für ein Abendessen.

REHSALAT MIT HONIG-SENF-DRESSING

4 Port. 30 Min. Leicht

Zutaten

400 g Rehfleisch
150 g Feldsalat
1 rote Zwiebel
1 kleine Dose Mais
1 kleine Dose Kidneybohnen
1 TL Honig
1 EL Senf
2 EL Olivenöl
2 EL Apfelessig
Salz und Pfeffer

Nährwerte p. P.

520 kcal
25 g Kohlenhydrate
26 g Fett
6 g Ballaststoffe
45 g Protein

1 Schneiden Sie das Rehfleisch in kleine Würfel und erhitzen Sie etwas Olivenöl in einer Pfanne. Anschließend braten Sie das Fleisch in der Pfanne an und nehmen es aus der Pfanne, um es abkühlen zu lassen.

2 Als Nächstes waschen Sie den Feldsalat gründlich und schleudern ihn trocken. Schneiden Sie die rote Zwiebel in dünne Ringe und lassen Sie den Mais und die Kidneybohnen in einem Sieb abtropfen.

3 In einer kleinen Schüssel vermengen Sie den Honig, Senf, Olivenöl und Apfelessig zu einem Dressing und schmecken es mit Salz und Pfeffer ab.

4 Vermengen Sie das abgekühlte Rehfleisch mit dem Feldsalat, den Zwiebelringen, dem Mais und den Kidneybohnen in einer Schüssel. Geben Sie anschließend das Dressing über den Salat und mischen Sie alles gut durch.

5 Zum Schluss verteilen Sie den Rehsalat auf Teller und servieren ihn.

WILDSCHWEINSALAT MIT MANDARINEN UND NÜSSEN

4 Port. 20 Min. Leicht

Zutaten

400 g Wildschweinfilet
150 g Feldsalat
1 rote Zwiebel
1 kleine Dose Mandarinen
50 g geröstete Walnüsse
2 EL Olivenöl
2 EL Apfelessig
1 TL Dijon-Senf
1 TL Honig
Salz und Pfeffer

Nährwerte p. P.

460 kcal
17 g Kohlenhydrate
25 g Fett
4 g Ballaststoffe
42 Protein

1 Um einen Wildschweinsalat zuzubereiten, schneiden Sie zuerst das Wildschweinfilet in dünne Scheiben und würzen es mit Salz und Pfeffer. Erhitzen Sie dann eine Pfanne mit etwas Olivenöl und braten Sie das Fleisch darin scharf an. Nehmen Sie das Fleisch aus der Pfanne und lassen Sie es abkühlen.

2 Waschen Sie den Feldsalat und schleudern Sie ihn trocken. Schneiden Sie die rote Zwiebel in dünne Ringe und nehmen Sie die Mandarinen aus der Dose und lassen Sie sie abtropfen.

3 Für das Dressing vermengen Sie den Apfelessig, Dijon-Senf, Honig und Olivenöl in einer kleinen Schüssel und schmecken es mit Salz und Pfeffer ab.

4 Schneiden Sie die abgekühlten Wildschweinfiletscheiben in Streifen und geben Sie sie zusammen mit dem Feldsalat, den Zwiebelringen, den Mandarinen und den gerösteten Walnüssen in eine Schüssel. Geben Sie das Dressing über den Salat und mischen Sie alles gut durch.

5 Verteilen Sie den Wildschweinsalat auf Teller und servieren Sie ihn.

BLAUBEERSALAT

 4 Port.

 30 Min.

Leicht

Zutaten

200 g Wildfleisch (z. B. Reh oder Hirsch), in dünnen Scheiben
200 g gemischter grüner Salat
150 g Blaubeeren
50 g gehackte Walnüsse
50 g Feta-Käse, zerbröckelt
2 EL Balsamico-Dressing
Salz und Pfeffer nach Geschmack

Nährwerte p. P.

700 kcal
25 g Kohlenhydrate
45 g Fett
8 g Ballaststoffe
45 g Protein

1 Grillen oder braten Sie das Wildfleisch nach Ihren Vorlieben, bis es die gewünschte Garstufe erreicht hat. Lassen Sie es dann abkühlen und schneiden Sie es in dünne Scheiben.

2 Vermengen Sie den gemischten grünen Salat, die Blaubeeren, die gehackten Walnüsse und den Feta-Käse in einer Salatschüssel.

3 Legen Sie die Wildfleischscheiben über den Salat.

4 Beträufeln Sie den Salat mit Balsamico-Dressing und würzen Sie mit Salz und Pfeffer nach Geschmack.

5 Gut vermischen und sofort servieren.

WILDE ROTE BETE

 4 Port.

 30 Min.

 Leicht

Zutaten

200 g Wildfleisch (z. B. Reh oder Hirsch), in Streifen geschnitten
2 Rote-Bete-Knollen, gekocht und gewürfelt
4 Tassen Spinat oder Rucola
100 g Ziegenkäse, zerbröckelt
50 g geröstete Mandeln, grob gehackt
2 EL Olivenöl
1 EL Zitronensaft
1 TL Honig
Salz und Pfeffer nach Geschmack

Nährwerte p. P.

900 kcal
35 g Kohlenhydrate
60 g Fett
12 g Ballaststoffe
50 g Protein

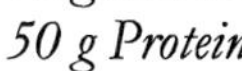

1 Braten Sie das Wildfleisch in einer Pfanne mit etwas Olivenöl an, bis es braun und durchgegart ist. Lassen Sie es abkühlen.

2 In einer Salatschüssel vermengen Sie den Spinat oder Rucola, die gekochten und gewürfelten Rote-Bete-Knollen, den Ziegenkäse und die gerösteten Mandeln.

3 Geben Sie das abgekühlte Wildfleisch über den Salat.

4 Vermischen Sie in einer separaten Schüssel Olivenöl, Zitronensaft und Honig, um das Dressing zuzubereiten. Mit Salz und Pfeffer abschmecken.

5 Das Dressing über den Salat gießen und gut vermengen. Sofort servieren und genießen.

GREEN-RABBIT-SALAD

4 Port.

20 Min.

Leicht

Zutaten

200 g Hasenfleisch, gewürfelt oder in Streifen geschnitten
300 g gemischter grüner Salat (z. B. Rucola, Feldsalat, Spinat)
100 g Kirschtomaten, halbiert
50 g gehackte Walnüsse
50 g geriebener Parmesankäse
2 EL Olivenöl
2 EL Zitronensaft
1 TL Dijon-Senf
Salz und Pfeffer nach Geschmack

Nährwerte p. P.

800 kcal
15 g Kohlenhydrate
70 g Fett
8 g Ballaststoffe
45 g Protein

1 Braten Sie das Hasenfleisch in einer Pfanne mit etwas Olivenöl an, bis es braun und durchgegart ist. Lassen Sie es abkühlen.

2 Vermengen Sie in einer Salatschüssel den gemischten grünen Salat, die Kirschtomaten, die gehackten Walnüsse und den geriebenen Parmesankäse.

3 Vermischen Sie in einer separaten Schüssel Olivenöl, Zitronensaft und Dijon-Senf, um das Dressing zuzubereiten. Mit Salz und Pfeffer abschmecken.

4 Das Dressing über den Salat gießen und gut vermengen.

5 Das abgekühlte Hasenfleisch über den Salat geben. Sofort servieren und genießen.

GEMISCHTER SALAT MIT FASAN UND CRANBERRYS

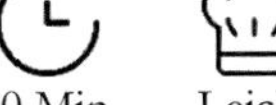

Zutaten

2 Fasanbrüste
6 Handvoll gemischter Salat (z. B. Rucola, Spinat, Feldsalat)
50 g getrocknete Cranberrys
50 g geröstete Mandeln
100 g zerbröselter Ziegenkäse
50 ml Balsamico-Dressing

Nährwerte p. P.

438 kcal
25 g Kohlenhydrate
25 g Fett
31 g Eiweiß

1 Heizen Sie den Ofen auf 180 °C Ober- /Unterhitze vor.

2 Legen Sie die Fasanbrüste auf ein mit Backpapier ausgelegtes Backblech und würzen Sie sie mit Salz und Pfeffer.

3 Braten Sie die Fasanbrüste 10-12 Minuten lang im Ofen, bis sie durchgegart sind. Lassen Sie sie dann fünf Minuten lang ruhen, bevor Sie sie in dünne Scheiben schneiden.

4 Legen Sie den gemischten Salat auf eine Servierplatte und garnieren Sie ihn mit den getrockneten Cranberrys, gerösteten Mandeln und Ziegenkäse.

5 Verteilen Sie die Fasan-Scheiben auf dem Salat. Verteilen Sie das Balsamico-Dressing über dem Salat.

6 Servieren Sie den Salat als Beilage oder als Hauptgericht.

ENTENSALAT MIT WALNÜSSEN

4 Port.

30 Min.

Leicht

Zutaten

2 Entenbrüste
6 Handvoll gemischter Salat (z. B. Rucola, Spinat, Feldsalat)
100 g gehackte Walnüsse
50 g getrocknete Cranberrys
50 g Feta-Käse
70 ml Himbeer-Vinaigrette

Nährwerte p. P.

523 kcal
22 g Kohlenhydrate
35 g Fett
32 g Eiweiß

1 Erhitzen Sie eine Pfanne bei mittlerer Hitze. Schneiden Sie die Entenbrüste in dünne Scheiben und braten Sie sie in einer beschichteten Pfanne an, bis sie von beiden Seiten goldbraun sind und innen rosa bleiben (ca. 5 - 7 Minuten). Legen Sie die Entenbrüste beiseite, um sie etwas abkühlen zu lassen.

2 Legen Sie den gemischten Salat auf eine Servierplatte und garnieren Sie ihn mit den gehackten Walnüssen, getrockneten Cranberrys und Feta-Käse.

3 Verteilen Sie die Enten-Scheiben auf dem Salat. Verteilen Sie das Himbeer-Vinaigrette-Dressing über dem Salat.

4 Servieren Sie den Salat als Beilage oder als Hauptgericht.

Suppen & Eintöpfe

WILDSUPPE MIT KARTOFFELN UND PILZEN

4 Port.

1 Std.

Leicht

Zutaten

500 g Wildfleisch (z. B. Hirsch oder Reh), gewürfelt
2 Zwiebeln, gehackt
2 Knoblauchzehen, gehackt
3 Karotten, geschält und gewürfelt
3 Kartoffeln, geschält und gewürfelt
250 g Champignons, in Scheiben geschnitten
1 l Wildfond oder Gemüsebrühe
2 EL Olivenöl
Salz und Pfeffer nach Geschmack
1 TL getrockneter Thymian
1 Lorbeerblatt

Nährwerte p. P.

250 kcal
25 g Kohlenhydrate
10 g Fett
5 g Ballaststoffe
15 g Protein

1 Für die Wildsuppe mit Kartoffeln und Pilzen benötigen Sie einen großen Topf oder eine Pfanne mit Deckel und einen Löffel zum Umrühren.

2 Als Erstes müssen Sie das Wildfleisch in dem Topf oder der Pfanne mit etwas Olivenöl anbraten, bis es braun und knusprig ist. Danach nehmen Sie das Fleisch aus dem Topf oder der Pfanne und stellen es beiseite.

3 In demselben Topf oder der Pfanne braten Sie nun die Zwiebeln und den Knoblauch an, bis sie weich sind. Dann fügen Sie die gewürfelten Karotten und Kartoffeln hinzu und braten alles für weitere fünf Minuten.

4 Als Nächstes kommen die in Scheiben geschnittenen Champignons dazu. Braten Sie alles für weitere fünf Minuten, bis die Pilze weich sind.

5 Sobald die Pilze weich sind, geben Sie das gebratene Wildfleisch wieder in den Topf oder die Pfanne und fügen Wildfond oder Gemüsebrühe hinzu. Sie können auch Thymian und ein Lorbeerblatt hinzufügen, um der Suppe zusätzlichen Geschmack zu geben.

6 Bringen Sie alles zum Kochen und reduzieren Sie dann die Hitze. Lassen Sie die Suppe für 30 - 40 Minuten köcheln, bis das Gemüse weich ist.

7 Zum Schluss schmecken Sie die Wildsuppe mit Salz und Pfeffer ab und servieren sie heiß. Sie können die Suppe auch mit Brot oder Croûtons servieren, um eine zusätzliche Textur zu erzielen.

WILDE CURRYSUPPE MIT KOKOSMILCH

4 Port. | 50 Min. | Leicht

Zutaten

500 g Wildfleisch, gewürfelt
1 Zwiebel, gehackt
2 Knoblauchzehen, gehackt
2 Karotten, gewürfelt
1 Süßkartoffel, gewürfelt
1 rote Paprika, gewürfelt
2 EL Currypulver
1 TL Kreuzkümmel
1 TL Kurkuma
1 TL Ingwerpulver
400 ml Kokosmilch
400 ml Hühnerbrühe
2 EL Olivenöl
Salz und Pfeffer nach Geschmack
Korianderblätter zum Garnieren

Nährwerte p. P.

400 kcal
25 g Kohlenhydrate
25 g Fett
5 g Ballaststoffe
25 g Protein

1 Erhitzen Sie das Olivenöl in einem großen Topf bei mittlerer Hitze. Braten Sie das Wildfleisch an, bis es goldbraun und knusprig ist. Nehmen Sie das Fleisch aus dem Topf und stellen Sie es beiseite.

2 Geben Sie die Zwiebel und den Knoblauch in den Topf und braten Sie beides an, bis es weich ist.

3 Fügen Sie Karotten, Süßkartoffel und rote Paprika hinzu und braten Sie alles für weitere fünf Minuten an.

4 Fügen Sie Currypulver, Kreuzkümmel, Kurkuma und Ingwerpulver hinzu. Braten Sie alles zusammen für weitere zwei bis drei Minuten an.

5 Geben Sie das gebratene Wildfleisch wieder zurück in den Topf und fügen Sie Kokosmilch und Hühnerbrühe hinzu. Bringen Sie alles zum Kochen.

6 Reduzieren Sie die Hitze und lassen Sie die Suppe für 20 - 25 Minuten köcheln, bis das Gemüse weich ist und das Fleisch zart.

7 Mit Salz und Pfeffer abschmecken. Servieren Sie die Wilde Currysuppe heiß und garnieren Sie sie mit Korianderblättern.

INDISCHE WILDGULASCHSUPPE MIT ROTEN LINSEN

 4 Port.
 50 Min.
 Leicht

Zutaten

500 g Wildfleisch, gewürfelt
1 Zwiebel, gehackt
2 Knoblauchzehen, gehackt
1 TL Ingwer, gerieben
2 Karotten, gewürfelt
1 rote Paprika, gewürfelt
200 g rote Linsen
1 EL Tomatenmark
1 EL Garam Masala
1 TL Kurkuma
1 TL Kreuzkümmel
1 TL Korianderpulver
1 TL Chilipulver
1 EL Olivenöl
1,5 l Hühnerbrühe
Salz und Pfeffer nach Geschmack
Korianderblätter zum Garnieren

Nährwerte p. P.

450 kcal
40 g Kohlenhydrate
15 g Fett
15 g Ballaststoffe
40 g Protein

1 Erhitzen Sie das Olivenöl in einem großen Topf bei mittlerer Hitze. Braten Sie das Wildfleisch an, bis es goldbraun und knusprig ist. Nehmen Sie das Fleisch aus dem Topf und stellen Sie es beiseite.

2 Fügen Sie die Zwiebel, den Knoblauch und den Ingwer in den Topf und braten Sie alles an, bis es weich ist.

3 Fügen Sie Karotten und rote Paprika hinzu und braten Sie alles für weitere fünf Minuten an.

4 Fügen Sie Garam Masala, Kurkuma, Kreuzkümmel, Korianderpulver und Chilipulver hinzu und braten Sie alles zusammen für weitere 2 - 3 Minuten an.

5 Geben Sie die roten Linsen, Tomatenmark und Hühnerbrühe hinzu und bringen Sie alles zum Kochen.

6 Reduzieren Sie die Hitze und lassen Sie die Suppe für 30 - 35 Minuten köcheln, bis das Gemüse weich ist und das Fleisch zart.

7 Mit Salz und Pfeffer abschmecken. Servieren Sie die indische Wildsuppe heiß und garnieren Sie sie mit Korianderblättern.

KOHL-WILD-EINTOPF MIT SELLERIE UND KAROTTEN

4 Port. 40 Min. Leicht

Zutaten

500 g Wildfleisch, gewürfelt
1 Zwiebel, gehackt
2 Knoblauchzehen, gehackt
2 Karotten, gewürfelt
2 Stangen Sellerie, gewürfelt
1 kleiner Kohlkopf, gehackt
2 EL Tomatenmark
1 TL getrockneter Thymian
1 TL getrockneter Oregano
1 Lorbeerblatt
1 ½ l Wildfond oder Gemüsebrühe
Salz und Pfeffer nach Geschmack
1 EL Olivenöl
Petersilie oder Schnittlauch zum Garnieren

Nährwerte p. P.

400 kcal
35 g Kohlenhydrate
15 g Fett
15 g Ballaststoffe
35 Protein

1 Erhitzen Sie das Olivenöl in einem großen Topf bei mittlerer Hitze. Braten Sie das Wildfleisch an, bis es goldbraun und knusprig ist. Nehmen Sie das Fleisch aus dem Topf und stellen Sie es beiseite.

2 Fügen Sie die Zwiebel und den Knoblauch in den Topf und braten Sie alles an, bis es weich ist.

3 Fügen Sie Karotten, Sellerie und Kohl hinzu und braten Sie alles für weitere fünf Minuten an.

4 Geben Sie das gebratene Wildfleisch zurück in den Topf. Fügen Sie Tomatenmark, Thymian, Oregano und Lorbeerblatt hinzu und rühren Sie alles gut um.

5 Gießen Sie den Wildfond oder die Gemüsebrühe in den Topf und bringen Sie alles zum Kochen.

6 Reduzieren Sie die Hitze und lassen Sie die Suppe für 30 - 35 Minuten köcheln, bis das Gemüse weich ist und das Fleisch zart.

7 Mit Salz und Pfeffer abschmecken. Servieren Sie den Wild-Kohl-Eintopf heiß und garnieren Sie ihn mit frischer Petersilie oder Schnittlauch.

EINTOPF BRITISCHER ART MIT KRÄUTERN

4 Port.

1 Std.

Leicht

Zutaten

500 g Wildfleisch, gewürfelt
1 Zwiebel, gehackt
2 Karotten, gewürfelt
2 Stangen Sellerie, gewürfelt
2 große Kartoffeln, gewürfelt
2 TL getrockneter Thymian
1 TL getrockneter Rosmarin
1 Lorbeerblatt
1,5 l Wildfond oder Gemüsebrühe
Salz und Pfeffer nach Geschmack
2 EL Olivenöl
Petersilie oder Schnittlauch zum Garnieren

Nährwerte p. P.

450 kcal
35 g Kohlenhydrate
15 g Fett
15 g Ballaststoffe
35 g Protein

1 Erhitzen Sie das Olivenöl in einem großen Topf bei mittlerer Hitze. Braten Sie das Wildfleisch an, bis es goldbraun und knusprig ist. Nehmen Sie das Fleisch aus dem Topf und stellen Sie es beiseite.

2 Fügen Sie die Zwiebel, Karotten und Sellerie in den Topf und braten Sie alles an, bis es weich ist.

3 Fügen Sie die Kartoffeln, Thymian, Rosmarin und Lorbeerblatt hinzu und rühren Sie alles gut um.

4 Geben Sie das gebratene Wildfleisch zurück in den Topf. Gießen Sie den Wildfond oder die Gemüsebrühe in den Topf und bringen Sie alles zum Kochen.

5 Reduzieren Sie die Hitze und lassen Sie den Eintopf für 30 - 40 Minuten köcheln, bis das Gemüse weich ist und das Fleisch zart.

6 Mit Salz und Pfeffer abschmecken. Servieren Sie den Eintopf heiß und garnieren Sie ihn mit frischer Petersilie oder Schnittlauch.

NUDELSUPPE MIT HIRSCH

4 Port. 40 Min. Leicht

Zutaten

500 g Hirsch
2 Karotten
1 Zwiebel
2 Stangen Sellerie
2 Knoblauchzehen
1 l Wildfond oder Gemüsebrühe
250 g Nudeln (z. B. Fusilli oder Penne)
1 Lorbeerblatt
1 EL Olivenöl
Salz und Pfeffer nach Geschmack

Optional:
frische Petersilie oder Thymian

Nährwerte p. P.

390 kcal
35 g Kohlenhydrate
12 g Fett,
5 g Ballaststoffe
33 g Eiweiß

1 Schneiden Sie das Wildfleisch zunächst in kleine Würfel und braten Sie es in einem Topf mit Olivenöl scharf an, bis es rundherum braun ist. Schälen Sie dann die Karotten, Zwiebel, Sellerie und Knoblauchzehen und schneiden Sie sie in kleine Würfel. Geben Sie das Gemüse zum Fleisch und braten Sie es für 5 - 10 Minuten mit an, bis es weich wird.

2 Fügen Sie den Wildfond oder die Gemüsebrühe hinzu und bringen Sie die Suppe zum Kochen. Geben Sie das Lorbeerblatt hinzu und lassen Sie die Suppe für 20 - 30 Minuten köcheln, bis das Fleisch zart ist.

3 Kochen Sie in einem separaten Topf die Nudeln nach Packungsanweisung, gießen Sie sie ab und stellen Sie sie beiseite. Sobald das Fleisch zart ist, entfernen Sie das Lorbeerblatt und würzen Sie die Suppe mit Salz und Pfeffer.

4 Fügen Sie die gekochten Nudeln hinzu und erhitzen Sie sie für 2 - 3 Minuten in der Suppe. Geben Sie die Suppe in Schalen und garnieren Sie sie mit frischer Petersilie oder Thymian, wenn gewünscht.

5 Die Nudelsuppe mit Wildfleisch ist ein herzhaftes und gesundes Gericht, das sich besonders an kalten Tagen gut eignet.

Hauptgerichte mit Wildschwein

WILDSCHWEINBRATEN MIT MARONENKRUSTE

6 Port.

3 Std.

Mittel

Zutaten

1 ½ kg Wildschweinkeule
200 g vorgegarte Maronen
2 Knoblauchzehen
1 Zwiebel
2 EL Olivenöl
1 EL Honig
1 EL Senf
1 EL Balsamico-Essig
1 EL Thymianblätter
Salz und Pfeffer
200 ml Wildfond
200 ml Rotwein
1 EL Speisestärke

Nährwerte p. P.

470 kcal
19 g Kohlenhydrate
16 g Fett
55 g Protein

1 Um das Rezept zu kochen, beginnen Sie damit, den Backofen auf 160 °C Ober- /Unterhitze vorzuheizen. Während der Ofen heizt, geben Sie die vorgegarten Maronen zusammen mit dem Knoblauch, der Zwiebel, dem Olivenöl, dem Honig, Senf, Balsamico-Essig, Thymian, Salz und Pfeffer in einen Mixer und verarbeiten alles zu einer Paste.

2 Als Nächstes waschen Sie das Wildschweinfleisch und tupfen es trocken. Würzen Sie es mit Salz und Pfeffer und braten Sie es in einer Pfanne mit etwas Olivenöl von allen Seiten scharf an. Legen Sie den Wildschweinbraten in eine Bratform und bedecken Sie ihn mit der Maronenpaste.

3 Geben Sie den Wildfond und Rotwein in die Bratform und lassen Sie das Fleisch im vorgeheizten Ofen für ca. 2,5 Stunden garen, bis es gar ist. Wenn das Fleisch gar ist, nehmen Sie es aus der Bratform und decken es ab, um es warmzuhalten.

4 Nehmen Sie den Bratensatz in der Bratform und kochen Sie ihn mit einem Schneebesen auf. Binden Sie die Sauce mit Speisestärke und servieren Sie den Wildschweinbraten in Scheiben geschnitten mit der Sauce.

5 Dieses Wildrezept ist eine köstliche Alternative zu herkömmlichem Braten und bietet eine gute Portion Protein.

WILDGULASCH MIT ROTWEINSAUCE

 6 Port.
 2,5 Std.
 Mittel

Zutaten

1 kg Wildschweinfleisch
2 Zwiebeln
2 Knoblauchzehen
2 Karotten
2 EL Tomatenmark
500 ml Wildfond oder Fleischbrühe
200 ml Rotwein
2 Lorbeerblätter
1 TL Paprikapulver edelsüß
1 TL Thymian
Salz und Pfeffer
2 EL Olivenöl

Nährwerte p. P.

344 kcal
6 g Kohlenhydrate
11 g Fett
2 g Ballaststoffe
48 g Protein

1 Sie beginnen damit, das Wildfleisch in mundgerechte Stücke zu schneiden und es mit Salz, Pfeffer und Paprikapulver zu würzen. Anschließend schälen Sie Zwiebeln, Knoblauchzehen und Karotten und schneiden diese in kleine Würfel. In einem großen Topf erhitzen Sie dann das Olivenöl und braten das Fleisch von allen Seiten scharf an, bis es braun ist. Danach nehmen Sie das Fleisch aus dem Topf und stellen es zur Seite.

2 Im selben Topf braten Sie nun die Zwiebeln, Knoblauchzehen und Karotten an, bis sie weich sind. Fügen Sie dann das Tomatenmark hinzu und braten es kurz mit. Geben Sie nun das Fleisch wieder in den Topf und löschen alles mit Wildfond und Rotwein ab. Fügen Sie Lorbeerblätter und Thymian hinzu und bringen Sie alles zum Kochen.

3 Nun decken Sie den Topf zu und lassen das Wildgulasch bei mittlerer Hitze für 1,5 bis 2 Stunden köcheln, bis das Fleisch zart ist. Zum Schluss schmecken Sie das Wildgulasch mit Salz und Pfeffer ab und servieren es.

4 Dieses Wildgulasch ist ein sättigendes und nahrhaftes Gericht, das reich an Eiweiß und Eisen ist.

WILDSCHWEINSTEAK MIT SCHWARZKIRSCHSAUCE

6 Port.

1 Std.

Mittel

Zutaten

4 Wildschweinsteaks (je etwa 200 - 250 g)
1 Zwiebel, fein gehackt
2 Knoblauchzehen, fein gehackt
200 ml Rotwein
200 ml Rinderbrühe
150 g Schwarzkirschen (entsteint)
2 EL Butter
2 EL Olivenöl
Salz und Pfeffer nach Geschmack

Nährwerte p. P.

450 kcal,
9 g Kohlenhydrate
25 g Fett
40 g Eiweiß

1 Würzen Sie die Wildschweinsteaks mit Salz und Pfeffer und stellen Sie sie beiseite.

2 In einer Pfanne bei mittlerer Hitze erhitzen Sie je einen Esslöffel Butter und Olivenöl. Geben Sie die Steaks in die Pfanne und braten Sie sie von jeder Seite etwa drei bis vier Minuten, bis sie eine schöne Kruste haben und innen rosa und saftig sind. Nehmen Sie die Steaks aus der Pfanne und stellen Sie sie warm.

3 In derselben Pfanne braten Sie die gehackte Zwiebel und den Knoblauch an, bis sie leicht gebräunt sind.

4 Gießen Sie den Rotwein in die Pfanne und lassen Sie ihn unter Rühren etwa zwei Minuten köcheln, um den Alkohol zu verdampfen.

5 Fügen Sie die Rinderbrühe hinzu und lassen Sie die Sauce weitere fünf Minuten köcheln, bis sie etwas eingedickt ist.

6 Geben Sie die Schwarzkirschen in die Pfanne und lassen Sie sie weitere zwei bis drei Minuten köcheln, bis sie weich sind.

7 Nehmen Sie die Sauce vom Herd und pürieren Sie sie mit einem Stabmixer oder in einem Mixer, bis sie glatt ist.

8 Geben Sie die Sauce zurück in die Pfanne und fügen Sie einen Esslöffel Butter hinzu. Lassen Sie die Butter bei niedriger Hitze schmelzen und rühren Sie sie gut um, bis sie vollständig in der Sauce aufgelöst ist.

9 Richten Sie die Wildschweinsteaks auf vorgewärmten Tellern an und übergießen Sie sie mit der Schwarzkirschsauce.

WILDSCHWEINBURGER MIT KARAMELLISIERTEN ZWIEBELN UND BLAUSCHIMMELKÄSE

6 Port.

1 Std.

Leicht

Zutaten

500 g Wildschweinfleisch (Hackfleisch)
4 Burgerbrötchen
100 g Blauschimmelkäse
2 Zwiebeln
2 EL brauner Zucker
2 EL Balsamico-Essig
Salz und Pfeffer nach Geschmack
2 EL Olivenöl

Optional:
Salatblätter und Tomatenscheiben (als Belag))

Nährwerte p. P.

600 kcal
41 g Kohlenhydrate
32 g Fett
37 g Eiweiß

1 Zwiebeln karamellisieren: Schälen Sie die Zwiebeln und schneiden Sie sie in feine Ringe. Erhitzen Sie in einer Pfanne das Olivenöl und geben Sie die Zwiebeln hinein. Schwitzen Sie sie bei mittlerer Hitze an, bis sie weich und leicht gebräunt sind.

2 Streuen Sie dann den braunen Zucker über die Zwiebeln und rühren Sie gut um, damit er schmilzt. Fügen Sie den Balsamico-Essig hinzu und rühren Sie weiter, bis die Zwiebeln schön karamellisiert sind. Stellen Sie die karamellisierten Zwiebeln beiseite.

3 Wildschweinburger zubereiten: Geben Sie das Wildschweinfleisch in eine Schüssel und würzen Sie es mit Salz und Pfeffer. Arbeiten Sie die Gewürze gut in das Fleisch ein und formen Sie dann vier gleich große Burger-Pattys. Erhitzen Sie eine Grillpfanne oder eine normale Pfanne bei mittlerer Hitze und braten Sie die Burger-Pattys von jeder Seite etwa vier bis fünf Minuten, bis sie durchgegart sind.

4 Blauschimmelkäse schmelzen: Schneiden Sie den Blauschimmelkäse in Scheiben und legen Sie sie auf die fertig gebratenen Wildschwein-Burger-Pattys. Nehmen Sie die Pfanne vom Herd und decken Sie sie mit einem Deckel oder Aluminiumfolie ab, damit der Käse schmilzt.

5 Burger zusammenstellen: Halbieren Sie die Burgerbrötchen und toasten Sie sie leicht. Verteilen Sie etwas von den karamellisierten Zwiebeln auf der unteren Hälfte der Brötchen. Legen Sie dann die Wildschwein-Burger-Pattys mit dem geschmolzenen Blauschimmelkäse darauf. Optional können Sie auch Salatblätter und Tomatenscheiben hinzufügen. Legen Sie die obere Hälfte der Brötchen darauf.

6 Servieren: Richten Sie die Wildschweinburger auf Tellern an und servieren Sie sie nach Belieben mit Pommes Frites, Salat oder anderen Beilagen.

7 Genießen Sie Ihren Wildschweinburger mit karamellisierten Zwiebeln und Blauschimmelkäse!

WILDSCHWEIN-BOURGUIGNON MIT SCHOKOLADE UND KAFFEE

6 Port.

3 Std.

Mittel

Zutaten

800 g Wildschweinfleisch (gewürfelt)
200 g Speckwürfel
2 Zwiebeln (gewürfelt)
3 Karotten (in Scheiben geschnitten)
3 Knoblauchzehen (gehackt)
250 ml Rotwein
250 ml Rinderbrühe
2 EL Tomatenmark
2 EL Mehl
2 EL Olivenöl
2 EL Butter
2 Lorbeerblätter
1 Zweig frischer Thymian
50 g dunkle Schokolade (mind. 70 % Kakaoanteil)
1 Tasse starker Kaffee
Salz und Pfeffer nach Geschmack

Nährwerte p. P.

450 kcal
11 g Kohlenhydrate
28 g Fett
32 g Protein

1 Das Wildschweinfleisch zunächst mit Salz und Pfeffer würzen. Erhitzen Sie das Olivenöl in einem großen Schmortopf und braten Sie das Fleisch portionsweise scharf an, bis es eine schöne braune Farbe annimmt. Sobald das Fleisch angebraten ist, nehmen Sie es aus dem Topf und stellen es beiseite.

2 In demselben Topf braten Sie nun die Speckwürfel an, bis sie knusprig sind. Fügen Sie die gewürfelten Zwiebeln, die gehackten Knoblauchzehen und die Karottenscheiben hinzu. Braten Sie alles an, bis die Zwiebeln leicht gebräunt sind und eine angenehme Aromenentwicklung stattfindet.

3 Geben Sie das Tomatenmark und das Mehl in den Topf und rühren Sie gut um, um eine Mehlschwitze zu bilden. Nach und nach fügen Sie den Rotwein hinzu, während Sie kontinuierlich rühren, um Klumpen zu vermeiden. Dies dient dazu, eine geschmackvolle Sauce zu kreieren.

4 Geben Sie nun die Rinderbrühe, die Lorbeerblätter und den Thymianzweig in den Topf. Fügen Sie auch das zuvor angebratene Wildschweinfleisch wieder hinzu und vermischen Sie alles gründlich miteinander.

5 Decken Sie den Topf ab und lassen Sie das Gericht bei niedriger Hitze etwa zwei bis drei Stunden schmoren, bis das Fleisch schön zart geworden ist. Rühren Sie gelegentlich um und fügen Sie bei Bedarf etwas Wasser oder Brühe hinzu, um die gewünschte Konsistenz der Sauce zu erreichen.

6 Hacken Sie die Schokolade grob und geben Sie sie zusammen mit dem starken Kaffee in den Topf. Rühren Sie gut um, um die Schokolade schmelzen zu lassen und den Geschmack zu intensivieren. Schmecken Sie die Sauce abschließend mit etwas Salz und Pfeffer ab, um den Geschmack zu verfeinern.

7 Servieren Sie das Wildschwein-Bourguignon heiß und genießen Sie es mit Beilagen wie Kartoffelpüree, Nudeln oder knusprigem Baguette, je nach Vorlieben und Geschmack.

WILDSCHWEINBRATEN MIT BROMBEER-SENF-KRUSTE

6 Port.

3 Std.

Mittel

Zutaten

1 ½ kg Wildschweinbraten (aus der Keule oder Schulter)
Salz und Pfeffer zum Würzen
2 EL Senf
2 EL Brombeermarmelade
2 EL Olivenöl
2 Zwiebeln, grob gehackt
4 Knoblauchzehen, gehackt
250 ml Rotwein
500 ml Wildfond oder Rinderbrühe
2 Zweige Rosmarin
2 Zweige Thymian
2 Lorbeerblätter

Nährwerte p. P.

380 kcal
24 g Kohlenhydrate
12 g Fett
2 g Ballaststoffe
38 g Protein

1 Heizen Sie den Backofen auf 180 °C Ober-/Unterhitze vor.

2 Würzen Sie den Wildschweinbraten mit Salz und Pfeffer. In einer Schüssel vermengen Sie den Senf und die Brombeermarmelade. Verteilen Sie die Mischung gleichmäßig auf dem Braten.

3 Erhitzen Sie in einem Bräter oder einer Pfanne das Olivenöl. Braten Sie den Wildschweinbraten von allen Seiten scharf an, bis er eine schöne braune Kruste entwickelt hat. Anschließend nehmen Sie den Braten aus der Pfanne und stellen ihn beiseite.

4 Geben Sie die gehackten Zwiebeln und den Knoblauch in den Bräter und braten Sie sie an, bis sie leicht gebräunt sind.

5 Gießen Sie den Rotwein in den Bräter und lassen Sie ihn unter Rühren köcheln, um den Alkohol zu verdampfen.

6 Fügen Sie den Wildfond oder die Rinderbrühe, die Rosmarin- und Thymianzweige sowie die Lorbeerblätter hinzu. Legen Sie den Wildschweinbraten zurück in den Bräter und gießen Sie den Bratenfond über den Braten.

7 Decken Sie den Bräter ab und lassen Sie den Wildschweinbraten im vorgeheizten Backofen etwa zwei bis drei Stunden schmoren, bis er zart und saftig ist. Wenden Sie den Braten gelegentlich im Bratensaft.

8 Nach etwa zwei Stunden entfernen Sie die Abdeckung und lassen Sie den Braten für weitere 15 – 20 Minuten im Ofen bräunen, damit die Kruste knusprig wird.

9 Nehmen Sie den Wildschweinbraten aus dem Bräter und lassen Sie ihn etwa zehn Minuten ruhen, damit sich die Säfte im Fleisch verteilen und es zart bleibt. Schneiden Sie den Braten anschließend in Scheiben und servieren Sie ihn mit der Sauce.

10 Genießen Sie Ihren Wildschweinbraten mit Brombeer-Senf-Kruste zusammen mit Beilagen Ihrer Wahl.

Hauptgerichte mit Reh

ZWIEBEL-REHKEULE MIT KAROTTEN

6 Port.

3 Std.

Mittel

Zutaten

1 ½ kg Rehkeule
2 Zwiebeln, gehackt
3 Karotten, geschält und in Scheiben geschnitten
2 Stangen Sellerie, in Scheiben geschnitten
4 Knoblauchzehen, gehackt
750 ml Rotwein
500 ml Wildfond
2 Lorbeerblätter
3 Zweige frischer Thymian
1 EL Tomatenmark
Salz und Pfeffer
2 EL Olivenöl

Nährwerte p. P.

420 kcal
8 g Kohlenhydrate
15 g Fett
2 g Ballaststoffe
57 g Protein

1 Um einen köstlichen Wildbraten zuzubereiten, sollten Sie zuerst den Backofen auf 160 °C Ober-/Unterhitze vorheizen. Danach waschen Sie das Fleisch und tupfen es trocken. Anschließend würzen Sie es mit Salz und Pfeffer.

2 Erhitzen Sie das Olivenöl in einem Bräter und braten Sie die Rehkeule von allen Seiten scharf an, bis sie braun ist. Nehmen Sie das Fleisch aus dem Bräter und stellen Sie es zur Seite.

3 Im selben Bräter braten Sie nun die Zwiebeln, Karotten, Sellerie und Knoblauch an, bis alles weich ist. Fügen Sie das Tomatenmark hinzu und braten Sie es kurz mit an. Geben Sie nun das Fleisch zurück in den Bräter und löschen Sie es mit Rotwein und Wildfond ab.

4 Fügen Sie die Lorbeerblätter und den Thymian hinzu und lassen Sie alles aufkochen. Bedecken Sie den Bräter und garen Sie die Rehkeule im vorgeheizten Ofen für ca. 2,5 bis 3 Stunden, bis sie zart ist.

5 Nehmen Sie das Fleisch aus dem Bräter und stellen Sie es warm. Passieren Sie die Sauce durch ein Sieb, um die Gemüsestücke zu entfernen, und geben Sie sie zurück in den Bräter. Erhitzen Sie die Sauce erneut.

6 Schneiden Sie den Wildbraten in Scheiben und servieren Sie ihn mit der Sauce.

REHRÜCKEN MIT PILZEN UND KARTOFFELGRATIN

4 Port.

1,5 Std..

Mittel

Zutaten

800 g Rehrücken
2 EL Olivenöl
Salz und Pfeffer
500 g Champignons, in Scheiben geschnitten
1 Zwiebel, gehackt
2 Knoblauchzehen, gehackt
1 TL Thymian
1 TL Rosmarin
2 EL Butter
2 EL Mehl
500 ml Wildfond
1 EL Preiselbeeren
1 kg Kartoffeln, geschält und in Scheiben geschnitten
200 g Gruyère-Käse, gerieben
500 ml Sahne
2 Eier
Salz und Pfeffer

Nährwerte p. P.

911 kcal
45 g Kohlenhydrate
56 g Fett
5 g Ballaststoffe
52 g Protein

1 Heizen Sie den Ofen auf 180 °C Ober- /Unterhitze vor.

2 Reiben Sie den Rehrücken mit Olivenöl ein und würzen Sie ihn mit Salz und Pfeffer. Braten Sie ihn in einer Pfanne von allen Seiten scharf an und legen Sie ihn in eine feuerfeste Form.

3 In derselben Pfanne braten Sie die Champignons, Zwiebeln und Knoblauch an, bis alles weich ist. Fügen Sie Thymian und Rosmarin hinzu und braten Sie alles für weitere zwei Minuten an.

4 Geben Sie die Champignonmischung über den Rehrücken und legen Sie ein paar Butterstücke darauf.

5 Backen Sie den Rehrücken im Ofen für etwa 25 - 30 Minuten, bis er rosa und zart ist.

6 In einer separaten Pfanne schmelzen Sie die Butter und fügen das Mehl hinzu, um eine Mehlschwitze zu machen. Gießen Sie den Wildfond hinein und rühren Sie die Sauce glatt. Fügen Sie die Preiselbeeren hinzu und lassen Sie die Sauce für zehn Minuten köcheln.

7 In einer Auflaufform schichten Sie die Kartoffelscheiben und den geriebenen Käse. In einer separaten Schüssel verquirlen Sie Sahne, Eier, Salz und Pfeffer und gießen es über die Kartoffeln.

8 Backen Sie das Kartoffelgratin im Ofen für etwa 40 - 45 Minuten, bis es goldbraun und knusprig ist.

9 Servieren Sie den Rehrücken mit der Champignon-Sauce und dem Kartoffelgratin.

REHBURGER MIT ZWIEBELN UND KNOBLAUCH

4 Port.

1 Std.

Leicht

Zutaten

500 g Rehhackfleisch
1 Zwiebel, fein gehackt
2 Knoblauchzehen, fein gehackt
1 Ei
2 EL Paniermehl
Salz und Pfeffer nach Geschmack
4 Burgerbrötchen
Burgerbeläge nach Wahl (z. B. Salat, Tomaten, Zwiebeln, Käse)
2 EL Olivenöl zum Braten

Nährwerte p. P.

250 kcal
3 g Kohlenhydrate
10 g Fett
35 g Eiweiß

1 In einer Schüssel mischen Sie das Rehhackfleisch, die gehackte Zwiebel, den Knoblauch, das Ei und das Paniermehl. Würzen Sie die Mischung nach Geschmack mit Salz und Pfeffer und kneten Sie sie gut durch, bis alle Zutaten gut vermischt sind.

2 Teilen Sie die Fleischmischung in vier gleich große Portionen und formen Sie daraus Burger-Pattys. Sie können den Durchmesser und die Dicke der Pattys nach Ihren Vorlieben anpassen.

3 Erhitzen Sie eine Pfanne mit Olivenöl. Geben Sie die Rehburger-Pattys in die Pfanne und braten Sie sie von beiden Seiten bei mittlerer Hitze etwa vier bis fünf Minuten, bis sie durchgegart sind. Achten Sie darauf, die Pattys nicht zu lange zu braten, um ein Austrocknen zu vermeiden.

4 Halbieren Sie die Burgerbrötchen und toasten Sie sie leicht. Legen Sie die Rehburger-Pattys auf die untere Hälfte der Brötchen. Nach Belieben können Sie nun Salat, Tomaten, Zwiebeln, Käse oder andere Burgerbeläge hinzufügen.

5 Legen Sie die obere Hälfte der Brötchen auf die Burger und servieren Sie sie.

6 Sie können die Rehburger nach Belieben mit Pommes Frites, Süßkartoffel-Pommes oder einem frischen Salat als Beilage servieren.

REHGULASCH

4 Port.

3 Std.

Mittel

Zutaten

500 g Rehfleisch, in Würfel geschnitten
2 Zwiebeln, gehackt
2 Knoblauchzehen, gehackt
2 Karotten, geschält und in Scheiben geschnitten
2 Paprikaschoten, entkernt und in Streifen geschnitten
200 ml Rotwein
400 ml Rinderbrühe
2 EL Tomatenmark
2 EL Mehl
2 EL Öl
1 Lorbeerblatt
1 TL Paprikapulver
Salz und Pfeffer nach Geschmack

Nährwerte p. P.

300 kcal
15 g Kohlenhydrate
12 g Fett
4 g Ballaststoffe
30 g Eiweiß

1 Das Rehfleisch mit Salz und Pfeffer würzen. In einem großen Topf oder Bräter erhitzen Sie das Öl und braten das Rehfleisch portionsweise scharf an, bis es rundherum eine schöne braune Farbe hat. Anschließend nehmen Sie das angebratene Fleisch aus dem Topf und stellen es beiseite.

2 Im selben Topf braten Sie die gehackten Zwiebeln, den Knoblauch und die Karotten an, bis sie leicht gebräunt sind. Geben Sie das Tomatenmark hinzu und braten Sie es kurz mit.

3 Streuen Sie das Mehl über das Gemüse und rühren Sie gut um, um eine Mehlschwitze zu bilden. Nach und nach fügen Sie den Rotwein hinzu und lassen ihn unter stetigem Rühren köcheln, damit der Alkohol verdampft.

4 Geben Sie das Rehfleisch zurück in den Topf und löschen Sie es mit der Rinderbrühe ab. Fügen Sie das Lorbeerblatt und das Paprikapulver hinzu. Decken Sie den Topf ab und lassen Sie das Gulasch bei niedriger Hitze etwa zwei bis drei Stunden schmoren, bis das Fleisch zart ist. Rühren Sie gelegentlich um und fügen Sie bei Bedarf etwas Wasser oder Brühe hinzu, um die Konsistenz zu erhalten.

5 Etwa 15 Minuten vor Ende der Garzeit geben Sie die Paprikaschoten zum Gulasch und lassen sie schmoren, bis sie weich sind.

6 Schmecken Sie das Reh-Gulasch mit Salz und Pfeffer ab und servieren Sie es. Dazu passen zum Beispiel Knödel, Nudeln oder Kartoffeln.

7 Genießen Sie Ihr selbstgemachtes Reh-Gulasch mit dem zarten Fleisch und den aromatischen Gewürzen!

REHBRATEN MIT KARTOFFELN IN ROTWEINSAUCE

6 Port.

3 Std.

Mittel

Zutaten

1 kg Rehbraten
500 g Kartoffeln
2 Zwiebeln, gewürfelt
3 Karotten, in Scheiben geschnitten
2 Stangen Sellerie, in Scheiben geschnitten
3 Knoblauchzehen, gehackt
2 Lorbeerblätter
3 Zweige Thymian
500 ml Rotwein
500 ml Wildfond
2 EL Olivenöl
Salz und Pfeffer

Nährwerte p. P.

560 kcal
37 g Kohlenhydrate
20 g Fett
5 g Ballaststoffe
43 g Protein

1 Um den Rehbraten zuzubereiten, heizen Sie den Backofen auf 160 °C Ober- /Unterhitze vor. Würzen Sie den Rehbraten mit Salz und Pfeffer und erhitzen Sie das Olivenöl in einem Bräter. Braten Sie den Rehbraten von allen Seiten an, bis er goldbraun ist.

2 Fügen Sie Zwiebeln, Karotten, Sellerie und Knoblauch hinzu und braten Sie alles einige Minuten lang mit, bis es weich ist. Geben Sie dann den Rotwein und den Wildfond hinzu und bringen Sie alles zum Kochen. Fügen Sie Lorbeerblätter und Thymian hinzu und decken Sie den Bräter ab. Lassen Sie den Rehbraten im vorgeheizten Ofen für zwei bis drei Stunden schmoren, bis er zart ist. Gelegentlich sollten Sie umrühren und bei Bedarf Flüssigkeit hinzufügen.

3 In der Zwischenzeit schälen Sie die Kartoffeln und schneiden sie in Stücke. Kochen Sie sie in einem Topf mit Wasser, bis sie weich sind. Wenn der Rehbraten fertig ist, nehmen Sie den Bräter aus dem Ofen und entfernen ihn aus der Sauce. Passieren Sie die Sauce durch ein Sieb, um das Gemüse zu entfernen. Geben Sie die Sauce in einen Topf und bringen Sie sie zum Kochen. Reduzieren Sie die Sauce, bis sie etwas dicker ist.

4 Gießen Sie die Sauce über den in Scheiben geschnittenen Rehbraten und servieren Sie ihn mit den Kartoffeln. Würzen Sie die Kartoffeln mit etwas Butter und Salz und garnieren Sie das Gericht mit Thymian.

TAGLIATELLE MIT REH UND SELLERIE

6 Port.

40 Min.

Mittel

Zutaten

400 g Pasta (z. B. Spaghetti oder Tagliatelle)
400 g Rehfleisch
1 Zwiebel
2 Knoblauchzehen
1 Karotte
1 Selleriestange
400 g gehackte Tomaten
1 EL Tomatenmark
200 ml Rotwein
200 ml Wildfond
1 EL Olivenöl
2 Zweige Rosmarin
Salz und Pfeffer nach Geschmack
Zum Garnieren: Etwas Parmesan und Rosmarin, gehackt

Nährwerte p. P.

610 kcal
63 g Kohlenhydrate
15 g Fett
46 g Protein

1 Das Rehfleisch in kleine Würfel schneiden und mit Salz und Pfeffer würzen. Die Zwiebel, Knoblauch, Karotte und Sellerie fein hacken.

2 Erhitzen Sie das Olivenöl in einem Topf und braten Sie das Rehfleisch darin von allen Seiten an, bis es goldbraun ist. Nehmen Sie das Fleisch dann aus dem Topf und stellen Sie es beiseite.

3 In demselben Topf die Zwiebel, Knoblauch, Karotte und Sellerie anbraten, bis alles weich ist. Fügen Sie das Tomatenmark hinzu und braten Sie es unter Rühren an, bis es duftet.

4 Löschen Sie alles mit Rotwein ab und lassen Sie es einkochen. Geben Sie den Wildfond und die gehackten Tomaten hinzu und verrühren Sie alles gut. Fügen Sie die Rosmarinzweige hinzu und lassen Sie die Sauce bei niedriger Hitze köcheln, bis sie eingedickt ist.

5 In der Zwischenzeit kochen Sie die Pasta in einem großen Topf mit Salzwasser al dente.

6 Geben Sie das gebratene Rehfleisch zurück in die Sauce und erhitzen Sie es. Gießen Sie die Pasta ab und geben Sie sie zurück in den Topf. Geben Sie die Sauce über die Pasta und vermengen Sie alles gut.

7 Servieren Sie die Pasta mit frisch geriebenem Parmesan und gehacktem Rosmarin.

Hauptgerichte mit Hirsch

HIRSCHMEDAILLONS MIT BALSAMICO-ZWETSCHGEN UND SPÄTZLE

4 Port.

40 Min.

Leicht

Zutaten

600 g Hirschmedaillons
500 g Zwetschgen, entsteint und geviertelt
2 EL Olivenöl
2 EL Butter
1 Zwiebel, gehackt
2 Knoblauchzehen, gehackt
2 EL Balsamico-Essig
200 ml Wildfond
Salz und Pfeffer
500 g Spätzle

Nährwerte p. P.

680 kcal
87 g Kohlenhydrate
19 g Fett
35 g Eiweiß

1 Salzen und pfeffern Sie die Hirschmedaillons nach Ihrem Geschmack. Erhitzen Sie in einer Pfanne das Olivenöl und braten Sie die Medaillons von beiden Seiten scharf an, bis sie eine schöne Farbe haben. Nehmen Sie die Medaillons aus der Pfanne und wickeln Sie sie in Alufolie ein.

2 Schmelzen Sie nun in derselben Pfanne die Butter und braten Sie darin die gehackte Zwiebel und den Knoblauch goldbraun an. Geben Sie die geviertelten Zwetschgen dazu und braten Sie sie für zwei bis drei Minuten mit, bis sie weich sind.

3 Fügen Sie den Balsamico-Essig hinzu und lassen Sie ihn einkochen. Geben Sie den Wildfond hinzu und lassen Sie die Sauce für zehn Minuten köcheln, bis sie etwas eingedickt ist. Schmecken Sie die Sauce mit Salz und Pfeffer ab.

4 Währenddessen kochen Sie die Spätzle in kochendem Salzwasser nach Packungsanweisung.

5 Nehmen Sie nun die Hirschmedaillons aus der Folie und legen Sie sie in die Sauce. Erhitzen Sie sie für zwei bis drei Minuten, bis das Fleisch wieder warm ist.

6 Gießen Sie die Spätzle ab und vermengen Sie sie mit etwas Butter. Richten Sie die Hirschmedaillons auf Tellern an und servieren Sie sie mit der Sauce und den Balsamico-Zwetschgen. Genießen Sie das Gericht zusammen mit den Spätzlen.

HIRSCHSCHNITZEL MIT KÜRBIS UND QUINOA-SALAT

4 Port. | 50 Min. | Leicht

Zutaten

Zutaten für die Hirschschnitzel:
2 Hirschschnitzel (ca. 200 g pro Stück)
1 EL Olivenöl
Salz und Pfeffer

Zutaten für den Kürbis:
500 g Hokkaido-Kürbis
2 EL Olivenöl
1 TL gemahlener Kreuzkümmel
Salz und Pfeffer

Zutaten für den Quinoa-Salat:
100 g Quinoa
½ rote Zwiebel, fein gehackt
½ rote Paprika, gewürfelt
½ Gurke, gewürfelt
1 Handvoll Petersilie, gehackt
1 EL Olivenöl
1 EL Zitronensaft
Salz und Pfeffer

Nährwerte p. P.

578 kcal
33 g Kohlenhydrate
29 g Fett
8 g Ballaststoffe
43 g Eiweiß

1 Heizen Sie den Ofen auf 200 °C Ober- /Unterhitze vor. Waschen Sie den Kürbis und schneiden Sie ihn in kleine Würfel. Legen Sie die Kürbisstücke auf ein mit Backpapier ausgelegtes Backblech und beträufeln Sie sie mit Olivenöl. Würzen Sie den Kürbis mit Kreuzkümmel, Salz und Pfeffer und rösten Sie ihn im Ofen für etwa 25 - 30 Minuten, bis er weich und goldbraun ist.

2 Waschen Sie die Quinoa und kochen Sie sie in 200 ml Wasser für etwa 15 Minuten, bis sie weich ist. Lassen Sie sie abkühlen.

3 In der Zwischenzeit können Sie die Hirschschnitzel vorbereiten. Salzen und pfeffern Sie sie nach Geschmack. Erhitzen Sie das Olivenöl in einer Pfanne und braten Sie die Hirschschnitzel von beiden Seiten für etwa zwei bis drei Minuten an, bis sie eine schöne Farbe haben. Legen Sie sie dann auf ein Backblech und garen Sie sie im Ofen für weitere zehn Minuten bei 180 °C Ober-/Unterhitze.

4 Für den Quinoa-Salat mischen Sie die gekochte Quinoa mit der gehackten Zwiebel, der gewürfelten Paprika, der gewürfelten Gurke und der gehackten Petersilie. Geben Sie das Olivenöl und den Zitronensaft hinzu und vermengen Sie alles gut. Schmecken Sie den Salat mit Salz und Pfeffer ab.

5 Servieren Sie die Hirschschnitzel zusammen mit dem gerösteten Kürbis und dem Quinoa-Salat auf Tellern.

HIRSCHSTEAK MIT APFEL-ROTKOHL UND MARONENCREME

4 Port.

40 Min.

Leicht

Zutaten

Zutaten für das Hirschsteak:
2 Hirschsteaks (ca. 200 g pro Stück)
2 EL Olivenöl
Salz und Pfeffer

Zutaten für den Apfel-Rotkohl:
½ Rotkohlkopf, in Streifen geschnitten
2 Äpfel, geschält und in Würfel geschnitten
1 Zwiebel, gehackt
2 EL Butter
2 EL Apfelessig
1 EL Zucker
Salz und Pfeffer

Zutaten für die Maronencreme:
200 g vorgekochte Maronen
100 ml Sahne
1 EL Honig
1 TL Zimt
Salz und Pfeffer

Nährwerte p. P.

615 kcal
45 g Kohlenhydrate
31 g Fett
9 g Ballaststoffe
41 g Eiweiß

1 Heizen Sie den Ofen auf 180 °C Ober- /Unterhitze vor. Erhitzen Sie das Olivenöl in einer Pfanne und braten Sie die Hirschsteaks von beiden Seiten für etwa zwei bis drei Minuten scharf an. Legen Sie sie dann auf ein Backblech und garen Sie sie im Ofen für weitere zehn Minuten.

2 Für den Apfel-Rotkohl erhitzen Sie die Butter in einem Topf und braten die Zwiebel darin an, bis sie glasig ist. Fügen Sie den Rotkohl hinzu und braten Sie ihn für etwa fünf Minuten an, bis er weich wird. Geben Sie die Äpfel, den Apfelessig, den Zucker, Salz und Pfeffer hinzu und lassen Sie alles für weitere 15 - 20 Minuten köcheln, bis der Rotkohl weich und die Äpfel zart sind.

3 Für die Maronencreme erhitzen Sie die Sahne in einem Topf und geben die vorgekochten Maronen hinzu. Lassen Sie sie für etwa fünf Minuten köcheln, bis sie weich sind. Pürieren Sie die Maronen mit einem Stabmixer und fügen Sie den Honig, den Zimt und Salz und Pfeffer hinzu. Vermengen Sie alles gut.

4 Servieren Sie das Hirschsteak mit dem Apfel-Rotkohl und einem Klecks Maronencreme auf einem Teller.

HIRSCHRAGOUT MIT SCHOKOLADE UND PREISELBEEREN

 4 Port.

 1 Std.

 Leicht

Zutaten

800 g Hirschfleisch, gewürfelt
2 EL Olivenöl
2 Zwiebeln, gehackt
3 Karotten, in Scheiben geschnitten
2 Knoblauchzehen, gehackt
2 EL Mehl
500 ml Wildfond
100 g Schokolade (mind. 70 % Kakaoanteil), ge hackt
4 EL Preiselbeeren
Salz und Pfeffer

Nährwerte p. P.

480 kcal
20 g Kohlenhydrate
23 g Fett
3 g Ballaststoffe
45 g Eiweiß

1 Erhitzen Sie das Olivenöl in einem großen Topf und braten Sie das Hirschfleisch darin von allen Seiten scharf an. Nehmen Sie es aus dem Topf und stellen Sie es beiseite.

2 Braten Sie die Zwiebeln, Karotten und Knoblauch im selben Topf für fünf bis sieben Minuten an, bis sie weich sind.

3 Fügen Sie das Mehl hinzu und rühren Sie es gut unter, bis alles mit Mehl bedeckt ist. Gießen Sie den Wildfond hinzu und lassen Sie alles für etwa zehn Minuten köcheln, bis die Sauce etwas eingedickt ist.

4 Geben Sie das angebratene Hirschfleisch wieder in den Topf und fügen Sie die gehackte Schokolade hinzu. Rühren Sie alles gut um und lassen Sie das Ragout für weitere 20 - 25 Minuten bei niedriger Hitze köcheln, bis das Fleisch zart und die Schokolade geschmolzen ist.

5 Zum Schluss fügen Sie die Preiselbeeren hinzu und schmecken das Ragout mit Salz und Pfeffer ab.

6 Servieren Sie das Hirschragout heiß mit Beilagen Ihrer Wahl, zum Beispiel Kartoffeln, Reis oder Brot.

HIRSCHGRATIN MIT PILZEN UND FRISCHEN KRÄUTERN

 4 Port.  50 Min.  Leicht

Zutaten

500 g Hirschfleisch, gewürfelt
2 EL Olivenöl
1 Zwiebel, gehackt
2 Knoblauchzehen, gehackt
200 g Champignons, in Scheiben geschnitten
2 EL Mehl
250 ml Rinderbrühe
250 ml Sahne
100 g geriebener Käse (z. B. Emmentaler oder Gouda)
Salz und Pfeffer nach Geschmack
eine Prise Muskatnuss
2 EL frische Petersilie, gehackt

Nährwerte p. P.

500 kcal
10 g Kohlenhydrate
38 g Fett
2 g Ballaststoffe
30 g Protein

1 Heizen Sie den Ofen auf 180 °C Ober- /Unterhitze vor.

2 Erhitzen Sie einen Esslöffel Olivenöl in einer Pfanne bei mittlerer Hitze. Braten Sie das Hirschfleisch darin an, bis es von allen Seiten leicht gebräunt ist. Nehmen Sie das Fleisch aus der Pfanne und stellen Sie es beiseite.

3 In derselben Pfanne geben Sie das restliche Olivenöl und die gehackte Zwiebel hinzu. Braten Sie die Zwiebel glasig an und fügen Sie dann den gehackten Knoblauch und die Champignons hinzu. Braten Sie alles zusammen, bis die Champignons weich sind.

4 Streuen Sie das Mehl über das Gemüse und rühren Sie gut um, um eine Mehlschwitze zu bilden. Gießen Sie nach und nach die Rinderbrühe ein und rühren Sie kontinuierlich, um Klumpen zu vermeiden.

5 Fügen Sie die Sahne hinzu und lassen Sie die Mischung unter ständigem Rühren leicht köcheln, bis sie eindickt. Würzen Sie mit Salz, Pfeffer und einer Prise Muskatnuss.

6 Geben Sie das angebratene Hirschfleisch zurück in die Pfanne und vermischen Sie es gut mit der Sauce.

7 Nehmen Sie die Pfanne vom Herd und geben Sie den Inhalt in eine Auflaufform. Verteilen Sie den geriebenen Käse gleichmäßig über dem Hirschgratin.

8 Backen Sie das Gratin im vorgeheizten Ofen für etwa 20 - 25 Minuten oder bis der Käse goldbraun und knusprig ist.

9 Nehmen Sie das Hirschgratin aus dem Ofen und garnieren Sie es mit frisch gehackter Petersilie.

10 Servieren Sie das Hirschgratin als Hauptgericht zusammen mit Beilagen wie Kartoffeln, Nudeln oder Salat.

HIRSCH-PIZZA MIT PILZEN UND ZWIEBELN

4 Port.

40 Min.

Leicht

Zutaten

Zutaten für den Pizzateig:
300 g Mehl
1 TL Trockenhefe
1 TL Salz
1 TL Zucker
200 ml lauwarmes Wasser
2 EL Olivenöl

Zutaten für den Belag:
200 g Hirschfleisch, gewürfelt
1 Zwiebel, in dünne Ringe geschnitten
100 g Pilze, in Scheiben geschnitten
100 g geriebener Käse (z. B. Mozzarella)
2 EL Tomatensauce oder Pizzasauce
Salz und Pfeffer nach Geschmack
eine Prise getrocknete Kräuter (z. B. Oregano oder Basilikum)

Nährwerte p. P.

1200 kcal
130 g Kohlenhydrate
50 g Fett
10 g Ballaststoffe
60 g Protein

1 Für den Pizzateig vermischen Sie das Mehl, die Trockenhefe, das Salz und den Zucker in einer großen Schüssel. Fügen Sie das lauwarme Wasser und das Olivenöl hinzu. Kneten Sie alle Zutaten gut zusammen, bis ein glatter Teig entsteht. Decken Sie die Schüssel mit einem sauberen Geschirrtuch ab und lassen Sie den Teig an einem warmen Ort für etwa eine Stunde gehen, bis er sein Volumen verdoppelt hat.

2 Während der Teig geht, können Sie das Hirschfleisch in einer Pfanne mit etwas Olivenöl anbraten, bis es durchgebraten und leicht gebräunt ist. Würzen Sie es mit Salz und Pfeffer nach Geschmack. Nehmen Sie das Fleisch aus der Pfanne und stellen Sie es beiseite.

3 Heizen Sie den Ofen auf 220 °C Umluft vor.

4 Wenn der Teig aufgegangen ist, rollen Sie ihn auf einer leicht bemehlten Arbeitsfläche dünn aus, um die Pizzaform zu bilden. Legen Sie den Teig auf ein mit Backpapier ausgelegtes Backblech.

5 Verteilen Sie die Tomatensauce oder Pizzasauce gleichmäßig auf dem Pizzateig. Belegen Sie die Pizza mit dem gebratenen Hirschfleisch, den Zwiebelringen und den Pilzscheiben. Streuen Sie den geriebenen Käse darüber und würzen Sie mit Salz, Pfeffer und getrockneten Kräutern.

6 Backen Sie die Pizza im vorgeheizten Ofen für etwa 15 - 20 Minuten oder bis der Teig knusprig und der Käse geschmolzen und goldbraun ist.

7 Nehmen Sie die Pizza aus dem Ofen und lassen Sie sie kurz abkühlen, bevor Sie sie in Stücke schneiden und servieren.

8 Genießen Sie Ihre hausgemachte Pizza mit Hirsch als Hauptgericht. Sie können sie nach Belieben mit weiteren Zutaten wie frischem Gemüse oder Sauce Ihrer Wahl ergänzen.

Hauptgerichte mit Wildente, -gans, -taube, Fasan, & Rebhuhn

GEBRATENE ENTE IN ROTWEINSAUCE

4 Port.

2,5 Std.

Mittel

Zutaten

1 Wildente (ca. 1,5 kg)
Salz und Pfeffer nach Geschmack
2 EL Olivenöl
1 Zwiebel, gehackt
2 Karotten, gewürfelt
2 Selleriestangen, gewürfelt
2 Knoblauchzehen, gehackt
500 ml Wildfond
250 ml Rotwein
2 EL Butter
2 EL Mehl

Optional:
frische Kräuter (z. B. Thymian, Rosmarin) zum Garnieren

Nährwerte p. P.

600 kcal
15 g Kohlenhydrate
35 g Fett
4 g Ballaststoffe
60 g Protein

1 Waschen Sie die Wildente gründlich und tupfen Sie sie trocken. Würzen Sie sie sowohl innen als auch außen mit Salz und Pfeffer.

2 Erhitzen Sie eine große Pfanne oder einen Bräter und geben Sie das Olivenöl hinein. Braten Sie die Wildente von allen Seiten an, bis sie goldbraun ist. Nehmen Sie sie dann aus der Pfanne und stellen Sie sie beiseite.

3 In derselben Pfanne braten Sie die gehackte Zwiebel, Karotten, Sellerie und Knoblauch an, bis alles weich ist.

4 Fügen Sie den Wildfond und Rotwein hinzu und bringen Sie es zum Kochen. Reduzieren Sie die Hitze und lassen Sie die Sauce ca. zehn Minuten köcheln, um die Aromen zu entwickeln.

5 Heizen Sie währenddessen den Backofen auf 180 °C Ober-/Unterhitze vor. Geben Sie die Wildente zurück in die Pfanne und braten Sie sie im vorgeheizten Ofen für etwa 1,5 bis 2 Stunden, bis sie zart und gut durchgegart ist. Begießen Sie sie dabei regelmäßig mit der Sauce.

6 Nehmen Sie die gebratene Wildente aus dem Ofen und lassen Sie sie auf einem Schneidebrett ruhen.

7 In einer separaten Pfanne lassen Sie die Butter schmelzen und fügen das Mehl hinzu. Rühren Sie ständig, um eine Mehlschwitze zuzubereiten.

8 Gießen Sie die Rotweinsauce aus der Pfanne durch ein feines Sieb in die Mehlschwitze und rühren Sie gut um, um Klumpen zu vermeiden. Lassen Sie die Sauce aufkochen und köcheln Sie sie für einige Minuten, bis sie leicht eingedickt ist.

9 Schneiden Sie die gebratene Wildente auf und servieren Sie sie mit der Rotweinsauce. Optional können Sie sie mit frischen Kräutern garnieren.

GESCHMORTER FASAN MIT SELLERIE UND KAROTTEN

4 Port.

2,5 Std.

Mittel

Zutaten

1 Fasan (ca. 1,2 - 1,5 kg)
Salz und Pfeffer nach Geschmack
2 EL Olivenöl
1 Zwiebel, gehackt
2 Karotten, gewürfelt
2 Selleriestangen, gewürfelt
2 Knoblauchzehen, gehackt
500 ml Wildfond oder Hühnerbrühe
250 ml Rotwein
2 EL Tomatenmark
2 Lorbeerblätter

Optional:
Frische Kräuter (z. B. Thymian, Rosmarin) zum Garnieren

Nährwerte p. P.

500 kcal
10 g Kohlenhydrate
25 g Fett
4 g Ballaststoffe
50 g Protein

1 Waschen Sie den Fasan gründlich und tupfen Sie ihn trocken. Würzen Sie ihn sowohl innen als auch außen mit Salz und Pfeffer.

2 Erhitzen Sie eine große Pfanne oder einen Bräter und geben Sie das Olivenöl hinein. Braten Sie den Fasan von allen Seiten an, bis er goldbraun ist. Nehmen Sie ihn dann aus der Pfanne und stellen Sie ihn beiseite.

3 In derselben Pfanne braten Sie die gehackte Zwiebel, Karotten, Sellerie und Knoblauch an, bis alles weich ist.

4 Fügen Sie den Wildfond oder die Hühnerbrühe und den Rotwein hinzu. Fügen Sie auch das Tomatenmark und die Lorbeerblätter hinzu. Rühren Sie alles gut um und bringen Sie es zum Kochen.

5 Geben Sie den Fasan zurück in die Pfanne und schließen Sie den Deckel. Lassen Sie ihn bei niedriger Hitze für etwa 1,5 bis 2 Stunden schmoren, bis das Fleisch zart und saftig ist. Rühren Sie gelegentlich um und begießen Sie ihn mit der Sauce.

6 Nachdem der Fasan geschmort ist, nehmen Sie ihn aus der Pfanne und lassen ihn auf einem Schneidebrett ruhen. Schmecken Sie die Sauce nach Bedarf ab und würzen Sie sie gegebenenfalls mit Salz und Pfeffer.

7 Richten Sie den Fasan auf einer Servierplatte an und gießen Sie die Sauce darüber. Optional können Sie ihn mit frischen Kräutern garnieren.

GEFÜLLTE TAUBE

 4 Port.

 1,5 Std.

 Mittel

Zutaten

2 Tauben
200 g Hackfleisch (z. B. Rind oder Schwein)
1 Zwiebel, fein gehackt
2 Knoblauchzehen, gehackt
¼ Tasse Semmelbrösel
1 Ei
2 EL gehackte frische Kräuter (z. B. Petersilie, Thymian, Rosmarin)
Salz und Pfeffer nach Geschmack
2 EL Olivenöl
1 Tasse Geflügelbrühe

Nährwerte p. P.

500 kcal
15 g Kohlenhydrate
25 g Fett
45 g Protein

1 Heizen Sie den Ofen auf 180 °C Ober- /Unterhitze vor.

2 In einer Schüssel mischen Sie das Hackfleisch, die Zwiebeln, den Knoblauch, die Semmelbrösel, das Ei, die Kräuter, Salz und Pfeffer.

3 Füllen Sie die Tauben mit der Hackfleischmischung. Drücken Sie die Mischung gut in die Körperhöhle der Tauben.

4 Erhitzen Sie das Olivenöl in einer ofenfesten Pfanne oder einem Bräter. Braten Sie die Tauben von allen Seiten an, bis sie leicht gebräunt sind.

5 Gießen Sie die Geflügelbrühe in die Pfanne oder den Bräter und decken Sie ihn mit einem Deckel oder Alufolie ab.

6 Braten Sie die Tauben im vorgeheizten Ofen für ca. eine Stunde oder bis sie durchgegart sind. Gelegentlich mit Brühe übergießen.

7 Nehmen Sie die Tauben aus dem Ofen und lassen Sie sie kurz ruhen, bevor Sie sie aufschneiden und servieren.

8 Servieren Sie die gefüllte Taube mit Beilagen wie Kartoffelpüree, Gemüse oder einem frischen Salat.

GEFÜLLTE GANS MIT ROTKOHL UND KARTOFFELKLÖẞEN

4 Port.

2 Std.

Mittel

Zutaten

1 Gans (ca. 4 - 5 kg)
1 Zwiebel, grob gehackt
2 Äpfel, entkernt und grob gehackt
2 Knoblauchzehen, gehackt
2 EL gehackte frische Kräuter (z. B. Rosmarin, Thymian)
Salz und Pfeffer nach Geschmack
1 kg Rotkohl, fein geschnitten
2 EL Butter oder Gänseschmalz
2 EL Zucker
150 ml Rotwein
1 kg Kartoffeln, geschält und gekocht
2 Eier
2 EL Semmelbrösel
Salz und Muskatnuss nach Geschmack

Nährwerte p. P.

1000 kcal
50 g Kohlenhydrate
50 g Fett
70 g Protein

1 Heizen Sie den Ofen auf 180 °C Ober- /Unterhitze vor.

2 Waschen Sie die Gans gründlich von innen und außen und tupfen Sie sie trocken. Entfernen Sie überschüssiges Fett und innere Organe.

3 In einer Schüssel mischen Sie die gehackte Zwiebel, Äpfel, Knoblauch, Kräuter, Salz und Pfeffer. Füllen Sie die Gans mit dieser Mischung.

4 Binden Sie die Beine der Gans zusammen und legen Sie sie in einen Bräter. Braten Sie die Gans im vorgeheizten Ofen für ca. drei bis vier Stunden oder bis sie goldbraun und knusprig ist. Gelegentlich mit dem austretenden Fett begießen.

5 In der Zwischenzeit bereiten Sie den Rotkohl zu. Erhitzen Sie die Butter oder das Gänseschmalz in einem Topf. Fügen Sie den Rotkohl hinzu und braten Sie ihn für ca. fünf Minuten an. Geben Sie Zucker und Rotwein hinzu und lassen Sie den Kohl für ca. eine Stunde bei niedriger Hitze schmoren, bis er weich ist. Gelegentlich umrühren.

6 Für die Kartoffelklöße zerdrücken Sie die gekochten Kartoffeln in einer Schüssel. Fügen Sie Eier, Semmelbrösel, Salz und Muskatnuss hinzu. Mischen Sie alles gut und formen Sie daraus Klöße.

7 Kochen Sie die Kartoffelklöße in leicht gesalzenem Wasser für ca. 15 – 20 Minuten, bis sie gar sind. Abgießen und warmhalten.

8 Nehmen Sie die Gans aus dem Ofen und lassen Sie sie kurz ruhen, bevor Sie sie aufschneiden.

9 Servieren Sie die gefüllte Gans mit dem Rotkohl und den Kartoffelklößen als Beilage.

GANS MIT ROSENKOHL IN ORANGENSAUCE

4 Port.

4 Std.

Mittel

Zutaten

1 Gans (ca. 4 - 5 kg)
2 Zwiebeln, grob gehackt
2 Äpfel, entkernt und grob gehackt
2 Knoblauchzehen, gehackt
2 EL gehackte frische Kräuter (z. B. Rosmarin, Salbei)
Salz und Pfeffer nach Geschmack
1 kg Rosenkohl, geputzt
2 EL Butter
2 EL Zucker
300 ml Orangensaft
2 EL Maismehl oder Speisestärke (zur Bindung der Sauce)

Nährwerte p. P.

1000 kcal
50 g Kohlenhydrate
50 g Fett
70 g Protein

1 Heizen Sie den Ofen auf 180 °C Ober- /Unterhitze vor.

2 Waschen Sie die Gans gründlich von innen und außen und tupfen Sie sie trocken. Entfernen Sie überschüssiges Fett und innere Organe.

3 In einer Schüssel mischen Sie die gehackte Zwiebel, Äpfel, Knoblauch, Kräuter, Salz und Pfeffer. Füllen Sie die Gans mit dieser Mischung.

4 Binden Sie die Beine der Gans zusammen und legen Sie sie in einen Bräter. Braten Sie die Gans im vorgeheizten Ofen für ca. 3 - 4 Stunden oder bis sie goldbraun und knusprig ist. Gelegentlich mit dem austretenden Fett begießen.

5 In der Zwischenzeit bereiten Sie den Rosenkohl zu. Bringen Sie einen Topf mit gesalzenem Wasser zum Kochen. Blanchieren Sie den Rosenkohl für ca. fünf Minuten, bis er leicht weich ist. Gießen Sie den Rosenkohl ab und lassen Sie ihn abtropfen.

6 Erhitzen Sie die Butter in einer Pfanne und braten Sie den Rosenkohl für ca. fünf Minuten an. Fügen Sie den Zucker hinzu und braten Sie ihn weiter, bis er leicht karamellisiert ist. Nehmen Sie den Rosenkohl aus der Pfanne und stellen Sie ihn beiseite.

7 Für die Orangensauce gießen Sie den Bratensaft der Gans in einen Topf und erhitzen ihn. Fügen Sie den Orangensaft hinzu und lassen Sie die Sauce leicht köcheln. Mischen Sie das Maismehl oder die Speisestärke mit etwas Wasser, um eine glatte Paste zu erhalten. Rühren Sie die Paste in die Sauce ein, um sie anzudicken. Kochen Sie die Sauce für weitere 2 - 3 Minuten, bis sie eingedickt ist.

8 Nehmen Sie die Gans aus dem Ofen und lassen Sie sie kurz ruhen, bevor Sie sie aufschneiden.

9 Servieren Sie die gefüllte Gans mit der Orangensauce und dem karamellisierten Rosenkohl.

REBHUHN MIT PILZ-RISOTTO

4 Port.

1,5 Std.

Mittel

Zutaten

2 Rebhühner
Salz und Pfeffer nach Geschmack
2 EL Olivenöl
1 Zwiebel, fein gehackt
2 Knoblauchzehen, gehackt
200 g Arborio-Risotto-Reis
250 g Pilze (z. B. Champignons oder Steinpilze), in Scheiben geschnitten
100 ml Weißwein
4 Tassen Hühnerbrühe
2 EL Butter
50 g geriebener Parmesan

Optional:
frische Petersilie, gehackt

Nährwerte p. P.

600 kcal
40 g Kohlenhydrate
25 g Fett
50 g Protein

1 Heizen Sie den Ofen auf 180 °C Ober- /Unterhitze vor.

2 Waschen Sie die Rebhühner gründlich von innen und außen und tupfen Sie sie trocken. Würzen Sie sie innen und außen mit Salz und Pfeffer.

3 Erhitzen Sie das Olivenöl in einer Pfanne bei mittlerer Hitze. Braten Sie die Rebhühner von allen Seiten an, bis sie goldbraun sind. Legen Sie sie dann auf ein Backblech und backen Sie sie im vorgeheizten Ofen für ca. 25 – 30 Minuten oder bis sie durchgegart sind.

4 In der Zwischenzeit bereiten Sie das Pilz-Risotto vor. In einem Topf erhitzen Sie etwas Olivenöl und braten die Zwiebeln und den Knoblauch an, bis alles weich ist.

5 Fügen Sie den Risotto-Reis hinzu und rühren Sie ihn für ca. eine Minute, bis er leicht glasig ist. Fügen Sie die Pilze hinzu und braten Sie sie für weitere 3 - 4 Minuten an, bis sie weich sind.

6 Gießen Sie den Weißwein in den Topf und rühren Sie, bis der Wein fast vollständig absorbiert ist. Fügen Sie dann nach und nach die Hühnerbrühe hinzu, etwa eine Kelle auf einmal. Rühren Sie regelmäßig und fügen Sie erst eine neue Kelle Brühe hinzu, wenn die vorherige fast aufgenommen wurde. Kochen Sie das Risotto für ca. 20 Minuten oder bis der Reis al dente ist.

7 Fügen Sie die Butter und den geriebenen Parmesan zum Risotto hinzu. Rühren Sie gut um, bis die Butter geschmolzen ist und der Käse geschmolzen und cremig ist. Mit Salz und Pfeffer abschmecken.

8 Nehmen Sie die Rebhühner aus dem Ofen und lassen Sie sie kurz ruhen, bevor Sie sie aufschneiden.

9 Servieren Sie das Rebhuhn mit dem Pilz-Risotto. Garnieren Sie nach Belieben mit frisch gehackter Petersilie.

REBHUHN MIT ROTWEIN-SCHALOTTENSAUCE UND KARTOFFELGRATIN

4 Port.

1 Std. 15 Min.

Mittel

Zutaten

2 Rebhühner
Salz und Pfeffer nach Geschmack
2 EL Olivenöl
8 - 10 Schalotten, halbiert
2 Knoblauchzehen, gehackt
1 Zweig frischer Rosmarin
200 ml Rotwein
300 ml Hühnerbrühe
2 EL Butter
2 EL Mehl
100 ml Sahne
Salz und Pfeffer nach Geschmack
4 große Kartoffeln, geschält und in dünne Scheiben geschnitten
100 g geriebener Käse (z. B. Gruyère oder Parmesan)
300 ml Milch
2 Knoblauchzehen, gehackt
Salz und Pfeffer nach Geschmack

Nährwerte p. P.

800 kcal
50 g Kohlenhydrate
40 g Fett
70 g Protein

1 Heizen Sie den Ofen auf 180 °C Ober- / Unterhitze vor.

2 Waschen Sie die Rebhühner gründlich von innen und außen und tupfen Sie sie trocken. Würzen Sie sie innen und außen mit Salz und Pfeffer.

3 Erhitzen Sie das Olivenöl in einer Pfanne bei mittlerer Hitze. Braten Sie die Rebhühner von allen Seiten an, bis sie goldbraun sind. Legen Sie sie dann auf ein Backblech und backen Sie sie im vorgeheizten Ofen für ca. 25 - 30 Minuten oder bis sie durchgegart sind.

4 In der Zwischenzeit bereiten Sie die Rotwein-Schalottensauce vor. In derselben Pfanne, in der Sie die Rebhühner gebraten haben, braten Sie die Schalotten, den gehackten Knoblauch und den Rosmarin für ca. fünf Minuten an, bis alles weich ist.

5 Gießen Sie den Rotwein in die Pfanne und lassen Sie ihn für ca. 2 - 3 Minuten köcheln, um den Alkohol zu verdampfen. Fügen Sie dann die Hühnerbrühe hinzu und lassen Sie die Sauce für weitere fünf Minuten köcheln. Entnehmen Sie den Rosmarin.

6 In einem separaten Topf schmelzen Sie die Butter und rühren das Mehl ein, um eine Mehlschwitze zu bilden. Gießen Sie langsam die Rotwein-Schalottensauce in den Topf und rühren Sie, bis die Sauce eingedickt ist. Fügen Sie die Sahne hinzu und

lassen Sie die Sauce für weitere 2 – 3 Minuten köcheln. Mit Salz und Pfeffer abschmecken.

7 Für das Kartoffelgratin legen Sie die Kartoffelscheiben in eine gefettete Auflaufform. In einer Schüssel mischen Sie den geriebenen Käse, die Milch, den gehackten Knoblauch, Salz und Pfeffer.

8 Gießen Sie die Milchmischung über die Kartoffelscheiben in der Auflaufform und drücken Sie die Kartoffeln leicht nach unten, um sicherzustellen, dass sie vollständig bedeckt sind. Mit Salz und Pfeffer würzen.

9 Bedecken Sie die Auflaufform mit Aluminiumfolie und backen Sie das Kartoffelgratin im vorgeheizten Ofen für ca. 45 - 50 Minuten. Entfernen Sie dann die Folie und backen Sie das Gratin weitere 10 - 15 Minuten, bis die Oberseite goldbraun und knusprig ist.

10 Nehmen Sie die Rebhühner aus dem Ofen und lassen Sie sie kurz ruhen, bevor Sie sie aufschneiden.

11 Servieren Sie die gebratenen Rebhühner mit der Rotwein-Schalottensauce und dem Kartoffelgratin. Gießen Sie etwas Sauce über die Rebhühner und garnieren Sie das Gericht nach Belieben mit frischem Rosmarin oder Petersilie.

FASANENBRUST MIT WILDPILZEN

 4 Port.  40 Min.  Mittel

Zutaten

2 Fasanenbrüste
250 g gemischte Waldpilze (z. B. Pfifferlinge, Steinpilze, Champignons)
2 Schalotten, fein gehackt
2 Knoblauchzehen, fein gehackt
2 EL Olivenöl
50 ml trockener Weißwein
200 ml Geflügelbrühe
100 ml Sahne
Salz und Pfeffer nach Geschmack
frische Petersilie zum Garnieren

Nährwerte p. P.

400 kcal
8 g Kohlenhydrate
28 g Fett
25 g Eiweiß

1 Salzen und pfeffern Sie die Fasanenbrüste. Erhitzen Sie in einer Pfanne das Olivenöl und braten Sie die Fasanenbrüste auf jeder Seite etwa 3 - 4 Minuten goldbraun an. Anschließend nehmen Sie sie aus der Pfanne und halten sie warm.

2 In derselben Pfanne braten Sie die gehackten Schalotten und den Knoblauch an, bis sie glasig sind. Fügen Sie die Pilze hinzu und braten Sie sie weitere 3 – 4 Minuten, bis sie leicht gebräunt sind.

3 Gießen Sie den Weißwein in die Pfanne und lassen Sie ihn köcheln, bis er weitgehend verdampft ist. Fügen Sie dann die Geflügelbrühe hinzu und lassen Sie die Sauce für ca. fünf Minuten köcheln.

4 Geben Sie die Sahne in die Pfanne und lassen Sie die Sauce nochmals kurz aufkochen. Schmecken Sie mit Salz und Pfeffer ab.

5 Geben Sie die Fasanenbrüste zurück in die Pfanne und erwärmen Sie sie für weitere 2 - 3 Minuten in der Sauce, bis sie durchgegart sind.

6 Nehmen Sie die Fasanenbrüste aus der Pfanne, schneiden Sie sie in Scheiben und richten Sie sie auf Tellern an. Verteilen Sie die Pilzsauce darüber und garnieren Sie mit frischer Petersilie.

FASANENKEULE MIT WURZELGEMÜSE

4 Port.

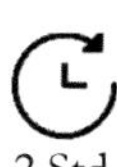
2 Std.

Mittel

Zutaten

2 Fasanenkeulen
500 g gemischtes Wurzelgemüse (z. B. Karotten, Pastinaken, Sellerie)
2 Zwiebeln, grob gehackt
3 Knoblauchzehen, fein gehackt
2 EL Olivenöl
200 ml Geflügelbrühe
2 Zweige frischer Rosmarin
Salz und Pfeffer nach Geschmack

Nährwerte p. P.

450 kcal
20 g Kohlenhydrate
15 g Fett
55 g Eiweiß

1 Heizen Sie den Backofen auf 180 °C Ober-/Unterhitze vor.

2 Würzen Sie die Fasanenkeulen mit Salz und Pfeffer. Erhitzen Sie in einem großen Bräter oder einer ofenfesten Pfanne das Olivenöl und braten Sie die Fasanenkeulen darin von allen Seiten an, bis sie goldbraun sind.

3 Geben Sie das grob gehackte Wurzelgemüse, die Zwiebeln und den Knoblauch zu den Fasanenkeulen in den Bräter. Fügen Sie die Geflügelbrühe hinzu und legen Sie die Rosmarinzweige darüber.

4 Decken Sie den Bräter ab oder decken Sie ihn mit Aluminiumfolie ab und stellen Sie ihn in den vorgeheizten Ofen. Lassen Sie die Fasanenkeulen für etwa 1,5 bis 2 Stunden schmoren, bis sie zart und gar sind.

5 Nach der Garzeit nehmen Sie den Bräter aus dem Ofen und nehmen die Fasanenkeulen vorsichtig aus dem Bräter. Pürieren Sie das Gemüse und die Sauce mit einem Pürierstab oder passieren Sie sie durch ein Sieb, um eine glatte Sauce zu erhalten. Schmecken Sie gegebenenfalls mit Salz und Pfeffer ab.

6 Richten Sie die Fasanenkeulen auf Tellern an und servieren Sie sie mit der pürierten Sauce und dem püriertem Wurzelgemüse.

FASANENFILET MIT PREISELBEERSAUCE

4 Port.

50 Min.

Leicht

Zutaten

2 Fasanenfilets
2 EL Olivenöl
Salz und Pfeffer nach Geschmack
200 ml Geflügelbrühe
100 ml Sahne
2 EL Preiselbeermarmelade
1 EL Senf
1 TL Zitronensaft
frische Kräuter zum Garnieren (z. B. Petersilie oder Thymian)

Nährwerte p. P.

350 kcal
12 g Kohlenhydrate
22 g Fett
25 g Eiweiß

1 Würzen Sie die Fasanenfilets mit Salz und Pfeffer. Erhitzen Sie in einer Pfanne das Olivenöl und braten Sie die Filets von beiden Seiten etwa 3 - 4 Minuten an, bis sie goldbraun sind. Anschließend nehmen Sie sie aus der Pfanne und halten sie warm.

2 In derselben Pfanne fügen Sie die Geflügelbrühe hinzu und lassen sie aufkochen. Geben Sie die Sahne, Preiselbeermarmelade, Senf und Zitronensaft hinzu. Rühren Sie gut um und lassen Sie die Sauce für etwa fünf Minuten köcheln, bis sie leicht eingedickt ist. Schmecken Sie mit Salz und Pfeffer ab.

3 Geben Sie die Fasanenfilets zurück in die Pfanne und erwärmen Sie sie für weitere 2 - 3 Minuten in der Sauce, bis sie durchgegart sind.

4 Richten Sie die Fasanenfilets auf Tellern an, übergießen Sie sie mit der Preiselbeersauce und garnieren Sie sie mit frischen Kräutern.

FRUCHTIGER FASAN NACH 80-GRAD-METHODE

4 Port.

3 Std.

Leicht

Zutaten

2 Fasanenbrüste
2 EL Olivenöl
Salz und Pfeffer nach Geschmack
1 Apfel, geschält und in Scheiben geschnitten
1 Birne, geschält und in Scheiben geschnitten
1 Zitrone, in Scheiben geschnitten
4 Zweige frischer Thymian
200 ml Geflügelbrühe
frische Kräuter zum Garnieren (z. B. Petersilie oder Rosmarin)

Nährwerte p. P.

380 kcal
12 g Kohlenhydrate
15 g Fett
45 g Eiweiß

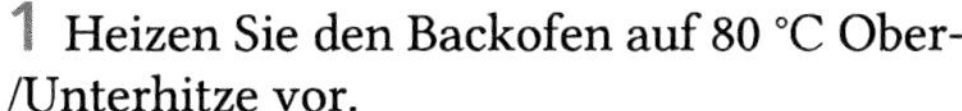
1 Heizen Sie den Backofen auf 80 °C Ober-/Unterhitze vor.

2 Würzen Sie die Fasanenbrüste mit Salz und Pfeffer. Erhitzen Sie in einer Pfanne das Olivenöl und braten Sie die Fasanenbrüste von beiden Seiten kurz an, bis sie leicht angebräunt sind.

3 Legen Sie in einer Auflaufform die Apfel- und Birnenscheiben aus. Platzieren Sie die angebratenen Fasanenbrüste darauf und verteilen Sie die Zitronenscheiben und Thymianzweige darüber.

4 Gießen Sie die Geflügelbrühe in die Auflaufform, um zusätzliche Feuchtigkeit zu gewährleisten. Decken Sie die Form mit Aluminiumfolie ab.

5 Stellen Sie die Auflaufform in den vorgeheizten Ofen und garen Sie die Fasanenbrüste für ca. 2 - 3 Stunden bei 80 °C Ober-/Unterhitze. Dadurch bleiben sie saftig und zart.

6 Nach der Garzeit nehmen Sie die Fasanenbrüste aus dem Ofen und schneiden Sie sie in Scheiben. Richten Sie sie auf Tellern an und gießen Sie etwas von dem entstandenen Saft aus der Auflaufform darüber. Garnieren Sie mit frischen Kräutern.

WÜRZIGES ENTENCONFIT

4 Port.

3 Std.

Leicht

Zutaten

2 Entenkeulen
4 - 5 Knoblauchzehen, zerdrückt
4 Zweige frischer Thymian
2 Lorbeerblätter
1 TL grobes Meersalz
1 TL schwarzer Pfeffer, grob gemahlen
Enten- oder Gänseschmalz (ausreichend, um die Keulen zu bedecken)

Nährwerte p. P.

650 kcal
0 g Kohlenhydrate
55 g Fett
36 g Eiweiß

1 Spülen Sie die Entenkeulen gründlich mit kaltem Wasser ab und tupfen Sie sie trocken. Reiben Sie die Keulen mit dem Meersalz und schwarzem Pfeffer ein. Streuen Sie anschließend den Knoblauch, Thymian und Lorbeer darüber und drücken Sie alles leicht an.

2 Legen Sie die Keulen in eine Schüssel oder einen Behälter und bedecken Sie sie mit Enten- oder Gänseschmalz. Stellen Sie sicher, dass die Keulen vollständig mit Schmalz bedeckt sind, um sie zu konservieren.

3 Decken Sie den Behälter ab und lassen Sie die Keulen für mindestens zwölf Stunden (vorzugsweise 24 - 48 Stunden) im Kühlschrank ruhen, damit sich die Aromen entfalten können.

4 Heizen Sie den Backofen auf 120 °C Ober-/ Unterhitze vor. Nehmen Sie die Keulen aus dem Schmalz und tupfen Sie das überschüssige Fett ab. Legen Sie die Keulen auf ein Backblech und garen Sie sie für etwa 2,5 bis 3 Stunden im Ofen, bis sie zart und goldbraun sind.

5 Nach dem Garen nehmen Sie die Entenkeulen aus dem Ofen und lassen Sie sie vor dem Servieren einige Minuten ruhen. Sie können sie nach Belieben mit Beilagen wie Kartoffeln, Gemüse oder Salat servieren.

Hauptgerichte mit Hasen & Wildkaninchen

HASENLEBER MIT ÄPFELN

4 Port.

40 Min.

Mittel

Zutaten

4 Hasenleberstücke
2 Äpfel (säuerliche Sorte), geschält, entkernt und in Scheiben geschnitten
2 EL Butter
1 Zwiebel, fein gehackt
1 Knoblauchzehe, fein gehackt
60 ml trockener Weißwein
60 ml Hühnerbrühe
Salz und Pfeffer nach Geschmack
frische Petersilie zum Garnieren

Nährwerte p. P.

320 kcal
16 g Kohlenhydrate
18 g Fett
3 g Ballaststoffe
20 g Eiweiß

1 Sie beginnen, indem Sie die Hasenleberstücke mit einer Prise Salz und Pfeffer würzen. Anschließend stellen Sie die gewürzten Leberstücke beiseite.

2 Erhitzen Sie eine Pfanne bei mittlerer Hitze und lassen Sie darin die Butter schmelzen. Geben Sie die fein gehackte Zwiebel und den Knoblauch in die Pfanne und braten Sie sie glasig an.

3 Legen Sie nun die vorbereiteten Hasenleberstücke vorsichtig in die Pfanne und braten Sie sie von beiden Seiten goldbraun an. Dieser Vorgang dauert normalerweise etwa zwei bis drei Minuten pro Seite. Sobald die Leberstücke die gewünschte Bräunung erreicht haben, nehmen Sie sie aus der Pfanne und halten sie warm.

4 Als Nächstes geben Sie die in Scheiben geschnittenen Äpfel in die Pfanne und braten sie leicht an, bis sie weich werden und eine schöne goldene Farbe annehmen.

5 Gießen Sie den Weißwein in die Pfanne und lassen Sie ihn köcheln, bis er etwas reduziert ist.

6 Fügen Sie nun die Hühnerbrühe hinzu und reduzieren Sie die Hitze auf mittel-niedrig. Legen Sie die Hasenleberstücke wieder in die Pfanne und lassen Sie sie weitere zwei bis drei Minuten köcheln, bis die Leber die gewünschte Garstufe erreicht hat.

7 Schmecken Sie das Gericht mit einer Prise Salz und Pfeffer ab. Zum Abschluss garnieren Sie es mit frischer Petersilie und servieren es.

8 Bitte beachten Sie, dass die Garzeiten je nach Dicke der Leberstücke variieren können. Es ist wichtig, die Leber nicht zu lange zu braten, um sicherzustellen, dass sie zart und saftig bleibt.

HASENFILET IN SENFSAUCE

 4 Port.

 50 Min.

 Mittel

Zutaten

4 Hasenfilets
2 EL Senf (z. B. Dijon-Senf)
2 EL Olivenöl
1 Zwiebel, fein gehackt
2 Knoblauchzehen, fein gehackt
200 ml Sahne
60 ml Hühnerbrühe
Salz und Pfeffer nach Geschmack
frische Petersilie zum Garnieren

Nährwerte p. P.

430 kcal
3 g Kohlenhydrate
28 g Fett
1 g Ballaststoffe
1 g Eiweiß

1 Sie beginnen, indem Sie die Hasenfilets mit einer Prise Salz und Pfeffer würzen und großzügig mit Senf bestreichen. Lassen Sie die Filets für einige Minuten marinieren.

2 Erhitzen Sie eine Pfanne bei mittlerer Hitze und gießen Sie das Olivenöl hinein, um es zu erwärmen. Sobald das Öl die richtige Temperatur erreicht hat, legen Sie die marinierten Hasenfilets vorsichtig in die Pfanne. Braten Sie sie von beiden Seiten goldbraun an, was normalerweise etwa drei bis vier Minuten pro Seite dauert, je nach Dicke der Filets. Sobald die Filets eine schöne Bräunung haben, nehmen Sie sie aus der Pfanne und stellen sie warm.

3 Verwenden Sie dieselbe Pfanne, um die gehackte Zwiebel und den Knoblauch anzubraten. Braten Sie sie an, bis sie weich werden und einen köstlichen Duft verströmen.

4 Gießen Sie die Sahne, den Senf und die Hühnerbrühe in die Pfanne und rühren Sie sie gut um. Reduzieren Sie die Hitze auf mittel-niedrig und lassen Sie die Sauce sanft köcheln, bis sie etwas eindickt. Es ist wichtig, die Sauce gelegentlich umzurühren, um ein Anbrennen zu vermeiden.

5 Geben Sie nun die Hasenfilets wieder in die Pfanne und lassen Sie sie weitere zwei bis drei Minuten köcheln, bis sie die gewünschte Garstufe erreicht haben. Sobald die Filets fertig sind, nehmen Sie sie aus der Pfanne und halten sie warm.

6 Schmecken Sie die Senfsauce mit einer Prise Salz und Pfeffer ab und passen Sie die Gewürze gegebenenfalls an.

7 Richten Sie die Hasenfilets auf Tellern an und übergießen Sie sie großzügig mit der Senfsauce. Garnieren Sie das Gericht mit frischer Petersilie und servieren Sie es.

8 Bitte beachten Sie, dass die Garzeiten je nach Dicke der Filets variieren können. Es ist wichtig, die Filets nicht zu lange zu garen, um sicherzustellen, dass sie zart und saftig bleiben.

WILDKANINCHENRAGOUT

4 Port.

50 Min.

Mittel

Zutaten

1 Kaninchen, in Stücke geschnitten
2 EL Olivenöl
1 Zwiebel, gehackt
2 Karotten, in Scheiben geschnitten
200 g Champignons, in Scheiben geschnitten
2 Knoblauchzehen, fein gehackt
2 EL Mehl
250 ml Rotwein
250 ml Hühnerbrühe
2 Lorbeerblätter
Salz und Pfeffer nach Geschmack
frische Petersilie zum Garnieren

Nährwerte p. P.

390 kcal
11 g Kohlenhydrate
15 g Fett
3 g Ballaststoffe
41 g Eiweiß

1 Sie beginnen damit, das Kaninchenfleisch mit einer Prise Salz und Pfeffer zu würzen. In einem großen Topf oder einem Schmortopf erhitzen Sie das Olivenöl und braten die Kaninchenstücke von allen Seiten an, bis sie eine goldbraune Farbe haben. Sobald die Stücke schön angebraten sind, nehmen Sie sie aus dem Topf und stellen sie beiseite.

2 In demselben Topf braten Sie nun die gehackte Zwiebel, die Karottenscheiben, die Champignons und den gehackten Knoblauch an, bis alles weich ist und eine angenehme goldene Farbe angenommen hat.

3 Streuen Sie das Mehl über das Gemüse und rühren Sie gut um, um es zu binden und anzudicken. Geben Sie den Rotwein hinzu und lassen Sie ihn köcheln, bis er etwas reduziert ist und die Aromen sich entfalten.

4 Geben Sie nun die Hühnerbrühe und die Lorbeerblätter in den Topf. Legen Sie die gebratenen Kaninchenstücke wieder in den Topf und reduzieren Sie die Hitze auf niedrig.

5 Decken Sie das Kaninchenragout ab und lassen Sie es sanft köcheln, bis das Fleisch zart wird und sich leicht vom Knochen löst. Dieser Schritt dauert normalerweise etwa 1,5 bis 2 Stunden, um sicherzustellen, dass das Fleisch schön zart wird. Rühren Sie gelegentlich um und fügen Sie bei Bedarf zusätzliche Brühe hinzu, um sicherzustellen, dass das Ragout nicht zu trocken wird.

6 Schmecken Sie das Ragout mit einer Prise Salz und Pfeffer ab und passen Sie die Gewürze nach Ihrem Geschmack an. Vor dem Servieren entfernen Sie die Lorbeerblätter und garnieren das Ragout mit frischer Petersilie.

7 Bitte beachten Sie, dass die Garzeit des Kaninchenfleischs je nach Größe der Stücke variieren kann. Achten Sie darauf, dass das Fleisch schön zart ist, bevor Sie es servieren.

BASKISCHER KANINCHENEINTOPF

4 Port. 50 Min. Leicht

Zutaten

1 Kaninchen, in Stücke geschnitten
2 EL Olivenöl
2 Zwiebeln, gehackt
3 Karotten, in Scheiben geschnitten
3 Kartoffeln, geschält und gewürfelt
2 Knoblauchzehen, fein gehackt
2 Lorbeerblätter
1 TL getrockneter Thymian
1 TL Paprika
500 ml Hühnerbrühe
200 ml Rotwein
Salz und Pfeffer nach Geschmack
frische Petersilie zum Garnieren

Nährwerte p. P.

450 kcal
32 g Kohlenhydrate
18 g Fett
6 g Ballaststoffe
36 g Eiweiß

1 Sie beginnen damit, das Kaninchenfleisch mit einer Prise Salz und Pfeffer zu würzen. In einem großen Topf oder einem Schmortopf erhitzen Sie das Olivenöl und braten die Kaninchenstücke von allen Seiten an, bis sie eine goldbraune Farbe haben. Sobald die Stücke schön angebraten sind, nehmen Sie sie aus dem Topf und stellen sie beiseite.

2 In demselben Topf braten Sie nun die gehackten Zwiebeln, die Karottenscheiben und die gewürfelten Kartoffeln an, bis sie eine leichte Bräunung bekommen. Fügen Sie den gehackten Knoblauch, die Lorbeerblätter, den Thymian und die Paprika hinzu und braten Sie alles für weitere zwei Minuten an, um die Aromen freizusetzen.

3 Geben Sie die gebratenen Kaninchenteile zurück in den Topf und gießen Sie die Hühnerbrühe und den Rotwein darüber. Bringen Sie die Flüssigkeit zum Kochen, reduzieren Sie die Hitze auf niedrig und lassen Sie den Eintopf abgedeckt etwa 1,5 bis 2 Stunden köcheln, bis das Kaninchenfleisch zart ist und sich leicht vom Knochen löst.

4 Sobald das Kaninchenfleisch zart ist, nehmen Sie die Lorbeerblätter heraus und würzen mit Salz und Pfeffer. Rühren Sie den Eintopf vorsichtig um und lassen Sie ihn noch weitere fünf Minuten köcheln, um die Aromen zu vereinen.

5 Servieren Sie den Kanincheneintopf in tiefen Tellern oder Schüsseln und garnieren Sie ihn mit frischer Petersilie.

KANINCHEN BRITISCHER ART

4 Port. | 2 Std. 20 Min. | Leicht

Zutaten

1 Kaninchen, in Stücke geschnitten
2 EL Butter
2 Zwiebeln, gehackt
2 Karotten, in Scheiben geschnitten
2 Selleriestangen, in Scheiben geschnitten
200 g Champignons, in Scheiben geschnitten
2 Knoblauchzehen, fein gehackt
2 EL Mehl
500 ml Hühnerbrühe
200 ml trockener Weißwein
2 EL gehackte frische Petersilie
Salz und Pfeffer nach Geschmack

Nährwerte p. P.

380 kcal
15 g Kohlenhydrate
12 g Fett
3 g Ballaststoffe
48 g Eiweiß

1 Sie beginnen damit, das Kaninchenfleisch mit einer Prise Salz und Pfeffer zu würzen. In einem großen Bräter schmelzen Sie die Butter bei mittlerer Hitze. Geben Sie die Kaninchenstücke in den Bräter und braten Sie sie von allen Seiten an, bis sie eine leichte Bräunung bekommen. Sobald das Fleisch schön gebräunt ist, nehmen Sie es aus dem Bräter und stellen es beiseite.

2 In derselben Pfanne braten Sie nun die gehackten Zwiebeln, Karotten, Sellerie, Champignons und Knoblauch an, bis alles weich ist und eine goldene Farbe angenommen hat.

3 Streuen Sie das Mehl über das Gemüse und rühren Sie es gut um, um eine Bindung und Verdickung zu erreichen. Nach und nach fügen Sie die Hühnerbrühe und den trockenen Weißwein hinzu und rühren alles gut um, um eine glatte Sauce zu erhalten.

4 Geben Sie die gebratenen Kaninchenstücke zurück in den Bräter und reduzieren Sie die Hitze auf niedrig. Decken Sie den Bräter ab und lassen Sie das Kaninchen etwa 1,5 bis 2 Stunden köcheln, bis das Fleisch zart ist und sich leicht vom Knochen löst. Rühren Sie gelegentlich um und fügen Sie bei Bedarf zusätzliche Brühe hinzu, um sicherzustellen, dass das Gericht nicht zu trocken wird.

5 Vor dem Servieren schmecken Sie die Sauce mit Salz und Pfeffer ab. Richten Sie den Kanincheneintopf in tiefen Tellern an und garnieren Sie ihn mit gehackter frischer Petersilie.

HASEN-CURRY

4 Port.

1,5 Std.

Mittel

Zutaten

600 g Hasenfleisch, in Würfel geschnitten
2 Zwiebeln, gehackt
3 Knoblauchzehen, gehackt
1 rote Paprika, entkernt und in Würfel geschnitten
1 grüne Paprika, entkernt und in Würfel geschnitten
1 Dose (400 ml) Kokosmilch
2 EL Tomatenmark
2 EL Currypulver
1 TL gemahlener Kreuzkümmel
1 TL gemahlener Koriander
1 TL Kurkuma
1 EL Olivenöl
Salz und Pfeffer nach Geschmack

Optional:
gehackte frische Petersilie oder Koriander zum Garnieren

Nährwerte p. P.

477 kcal
16 g Kohlenhydrate
30 g Fett
5 g Ballaststoffe
36 g Protein

1 Zunächst würzen Sie das Hasenfleisch mit Salz und Pfeffer und stellen es beiseite. In einem großen Topf erhitzen Sie nun das Olivenöl und braten die gehackten Zwiebeln und den Knoblauch darin an, bis alles weich geworden ist. Anschließend fügen Sie die gewürfelten Paprikastücke hinzu und braten alles für weitere fünf Minuten an.

2 Als Nächstes fügen Sie das Tomatenmark und die Gewürze hinzu. Mischen Sie alles gründlich, um die Gewürze gut zu verteilen und das Aroma freizusetzen.

3 Jetzt ist es an der Zeit, das Hasenfleisch in den Topf zu geben und unter Rühren für ein paar Minuten anzubraten, bis es von allen Seiten leicht gebräunt ist. Sobald das Fleisch angebraten ist, fügen Sie die Kokosmilch hinzu und bringen alles zum Kochen.

4 Reduzieren Sie nun die Hitze auf ein Minimum und lassen Sie das Curry für 30 – 40 Minuten köcheln, damit das Fleisch schön zart wird und die Aromen gut miteinander vermischen können. Während des Kochens sollten Sie gelegentlich umrühren, um sicherzustellen, dass nichts am Boden des Topfes haften bleibt.

5 Wenn das Curry fertig ist, schmecken Sie es ab und würzen es gegebenenfalls nach. Optional können Sie das Gericht mit gehackter Petersilie oder Koriander garnieren.

6 Servieren Sie das Hasen-Curry heiß mit Reis oder anderen Beilagen Ihrer Wahl und genießen Sie diese köstliche Mahlzeit!

HASE MIT WACHOLDER UND SELLERIE

4 Port.

2 Std.

Mittel

Zutaten

1 Hase, ca. 1,2 kg, in Stücke geschnitten
2 EL Olivenöl
2 Zwiebeln, gehackt
3 Karotten, geschält und in Stücke geschnitten
2 Selleriestangen, in Stücke geschnitten
3 Knoblauchzehen, gehackt
1 EL Tomatenmark
1 EL Mehl
2 EL Wacholderbeeren
500 ml Hühnerbrühe
Salz und Pfeffer nach Geschmack

Nährwerte p. P.

421 kcal
15 g Kohlenhydrate
17 g Fett
4 g Ballaststoffe
50 g Protein

1 Wir beginnen mit dem Würzen des Hasenfleisches mit Salz und Pfeffer. Legen Sie das Fleisch beiseite und erhitzen Sie das Olivenöl in einem großen Topf. Anschließend fügen Sie die gehackten Zwiebeln, Karotten, Sellerie und Knoblauch hinzu. Braten Sie alles unter gelegentlichem Rühren etwa zehn Minuten lang, bis das Gemüse weich ist.

2 Als Nächstes fügen Sie das Tomatenmark und das Mehl hinzu und rühren es für weitere zwei bis drei Minuten. Zerdrücken Sie die Wacholderbeeren und fügen Sie sie zum Gemüse hinzu. Gießen Sie die Hühnerbrühe ein und vermischen Sie alles gut.

3 Geben Sie nun die Hasen-Stücke in den Topf und reduzieren Sie die Hitze. Decken Sie das Gericht ab und lassen Sie es für ca. 1,5 Stunden köcheln, bis das Fleisch zart ist. Sie können zwischendurch umrühren und bei Bedarf noch etwas Wasser oder Brühe hinzufügen.

4 Schließlich schmecken Sie das Gericht ab und würzen es gegebenenfalls nach. Servieren Sie es mit Beilagen wie Kartoffeln oder Reis und genießen Sie das leckere Hasen-Gericht!

GESCHMORTES UND GEBRATENES VOM HASEN

4 Port.

2,5 Std.

Mittel

Zutaten

1 ½ kg Hasenfleisch, in Stücke geschnitten
2 Zwiebeln, gehackt
3 Karotten, in Scheiben geschnitten
2 Stangen Sellerie, in Scheiben geschnitten
3 Knoblauchzehen, gehackt
3 EL Olivenöl
2 EL Tomatenmark
750 ml Hühnerbrühe
1 Lorbeerblatt
2 Zweige Thymian
Salz und Pfeffer
1 EL Butter
2 EL Mehl
4 Scheiben Speck
1 EL Rapsöl

Nährwerte p. P.

542 kcal
16 g Kohlenhydrate
27 g Fett
53 g Protein

1 Um ein köstliches Gericht aus Hasenfleisch zu zaubern, beginnen Sie damit, das Fleisch mit Salz und Pfeffer zu würzen. In einem großen Topf erhitzen Sie zwei Esslöffel Olivenöl und braten das Hasenfleisch darin von allen Seiten an, bis es goldbraun ist. Nehmen Sie das Fleisch aus dem Topf und stellen Sie es beiseite.

2 Geben Sie das restliche Olivenöl in den Topf und fügen Sie die Zwiebeln, Karotten, Sellerie und Knoblauch hinzu. Braten Sie das Gemüse unter gelegentlichem Rühren für etwa zehn Minuten lang, bis es weich ist. Geben Sie das Tomatenmark hinzu und rühren Sie für weitere zwei bis drei Minuten. Gießen Sie die Hühnerbrühe ein und fügen Sie das Lorbeerblatt und den Thymian hinzu. Bringen Sie alles zum Kochen.

3 Geben Sie das Hasenfleisch wieder in den Topf und lassen Sie es bei niedriger Hitze zugedeckt köcheln, bis das Fleisch zart ist. Dies kann bis zu zwei Stunden dauern.

4 In einer Pfanne lassen Sie die Butter schmelzen und rühren das Mehl ein. Braten Sie die Mischung unter Rühren etwa zwei Minuten lang. Fügen Sie eine Tasse Brühe aus dem Topf hinzu und rühren Sie, bis die Sauce glatt ist. Geben Sie die Sauce zurück in den Topf und rühren Sie, bis alles gut vermischt ist. Lassen Sie das Fleisch noch weitere 15 Minuten in der Sauce köcheln.

5 In einer anderen Pfanne braten Sie den Speck knusprig. Nehmen Sie den Speck aus der Pfanne und legen Sie ihn beiseite. Geben Sie das Rapsöl in die Pfanne und braten Sie das Hasenfleisch darin von allen Seiten an, bis es knusprig und braun ist.

6 Legen Sie das Hasenfleisch auf Teller und gießen Sie die Sauce darüber. Garnieren Sie das Gericht mit dem knusprigen Speck und servieren Sie es.

HASE AUS DEM RÖMERTOPF

4 Port. 2 Std. Leicht

Zutaten

1 Hase, in Stücke geschnitten
2 Karotten, in Scheiben geschnitten
2 Zwiebeln, gehackt
2 Knoblauchzehen, gehackt
2 Lorbeerblätter
1 Zweig Rosmarin
2 EL Olivenöl
1 EL Tomatenmark
250 ml Gemüsebrühe
Salz und Pfeffer

Nährwerte p. P.

339 kcal
9 g Kohlenhydrate
19 g Fett
33 g Protein

1 Um einen leckeren Hasen aus dem Römertopf zu zaubern, müssen Sie zunächst den Römertopf zehn Minuten lang in kaltem Wasser einweichen. Das Fleisch kann in der Zwischenzeit mit Salz und Pfeffer gewürzt werden und beiseitegestellt werden.

2 Erhitzen Sie das Olivenöl in einer Pfanne und braten Sie das Fleisch darin von allen Seiten an, bis es goldbraun ist. Nehmen Sie das Fleisch aus der Pfanne und stellen Sie es beiseite.

3 Legen Sie das Gemüse und die Kräuter in den Römertopf und anschließend das angebratene Hasenfleisch darauf.

4 Geben Sie das Tomatenmark in die Pfanne und braten Sie es kurz an. Fügen Sie dann die Gemüsebrühe hinzu und rühren Sie alles gut um. Gießen Sie die Sauce über das Fleisch im Römertopf.

5 Verschließen Sie den Römertopf und stellen Sie ihn in den kalten Backofen. Bei 180 °C Ober-/Unterhitze sollte der Hase für ca. 1,5 Stunden geschmort werden, bis das Fleisch zart ist.

6 Nehmen Sie den Römertopf aus dem Ofen und entfernen Sie den Deckel. Schmecken Sie den Hasen mit Salz und Pfeffer ab und servieren Sie es direkt aus dem Römertopf.

BUTTERMILCH-WILDKANINCHEN

4 Port.

1,5 Std.

Leicht

Zutaten

4 Kaninchenkeulen
2 Zwiebeln, gehackt
2 Karotten, in Scheiben geschnitten
2 Stangen Sellerie, in Scheiben geschnitten
4 Knoblauchzehen, gehackt
500 ml Rotwein
500 ml Gemüsebrühe
500 ml Buttermilch
2 EL Olivenöl
2 EL Mehl
1 Lorbeerblatt
1 Zweig Thymian
Salz und Pfeffer nach Geschmack

Nährwerte p. P.

413 kcal
13 g Kohlenhydrate
15 g Fett
47 g Eiweiß

1 Waschen Sie die Kaninchenkeulen ab, tupfen Sie sie trocken und würzen Sie sie mit Salz und Pfeffer.

2 In einem großen Topf erhitzen Sie das Olivenöl und braten die Kaninchenkeulen von allen Seiten goldbraun an. Danach nehmen Sie das Fleisch aus dem Topf und stellen es beiseite.

3 Geben Sie das vorbereitete Gemüse in den Topf und braten Sie es etwa fünf Minuten lang, bis es weich ist.

4 Streuen Sie das Mehl über das Gemüse und rühren Sie es um, bis es leicht braun wird.

5 Fügen Sie Rotwein und Gemüsebrühe hinzu, geben Sie das Lorbeerblatt und den Thymian dazu und bringen Sie die Sauce zum Kochen.

6 Gießen Sie die Buttermilch in die Sauce und rühren Sie sie gut um. Legen Sie das Kaninchenfleisch zurück in den Topf und lassen Sie es zugedeckt bei mittlerer Hitze für etwa 60 Minuten köcheln, bis es zart ist.

7 Nehmen Sie das fertige Kaninchen aus dem Topf und stellen Sie es beiseite. Passieren Sie die Sauce durch ein Sieb.

8 Gießen Sie die Sauce zurück in den Topf und reduzieren Sie sie bei hoher Hitze, bis sie die gewünschte Konsistenz erreicht hat.

KANINCHEN PANIERT UND GEBACKEN

4 Port.

1 Std.

Leicht

Zutaten

4 Kaninchenrückenfilets
100 g Paniermehl
100 g geriebener Parmesankäse
½ TL Paprikapulver
½ TL Knoblauchpulver
etwas getrockneter Oregano
¼ TL Salz
¼ TL Pfeffer
2 Eier, verquirlt
100 g Mehl
Olivenöl zum Braten

Nährwerte p. P.

420 kcal
16 g Kohlehydrate
19 g Fett
1 g Ballaststoffe
45 g Protein

1 Den Backofen auf 180 °C vorheizen. Waschen Sie die Kaninchenkeulen und tupfen Sie sie trocken. Würzen Sie die Keulen anschließend mit Salz und Pfeffer.

2 Geben Sie das Mehl auf einen flachen Teller und wenden Sie die Kaninchenkeulen darin, bis sie gleichmäßig mit Mehl bedeckt sind.

3 Geben Sie die Eier in eine Schüssel und verquirlen Sie sie. Die Semmelbrösel kommen auf einen weiteren flachen Teller.

4 Wenden Sie nun die Kaninchenkeulen zuerst in den Eiern und anschließend in den Semmelbröseln, bis sie vollständig bedeckt sind.

5 Erhitzen Sie das Olivenöl in einer Pfanne und braten die panierten Kaninchenkeulen von allen Seiten goldbraun an.

6 Die gebratenen Kaninchenkeulen legen Sie auf ein mit Backpapier ausgelegtes Backblech und backen sie im vorgeheizten Backofen für ca. 20 Minuten, bis sie durchgegart sind.

7 Das panierte Kaninchen kann mit Beilagen wie Kartoffeln, Gemüse oder einem Salat serviert werden.

Fingerfood & Snacks

WILDSCHWEINSPIEẞE MIT KNOBLAUCH UND ROSMARIN

6 Port.

30 Min.

Leicht

Zutaten

500 g Wildschweinfilet
2 Knoblauchzehen, in Scheiben geschnitten
2 Zweige frischer Rosmarin
Salz
Pfeffer
Olivenöl
Holzspieße

Nährwerte p. P.

232 kcal
2 g Kohlenhydrate
12 g Fett
29 g Eiweiß

1 Waschen Sie zunächst das Wildschweinfilet und tupfen Sie es trocken. Schneiden Sie das Fleisch dann in etwa 2 cm große Würfel und würzen Sie sie mit Salz und Pfeffer.

2 Waschen Sie die Rosmarinzweige und tupfen Sie sie trocken. Zupfen Sie die Nadeln von den Zweigen und hacken Sie sie fein.

3 Stecken Sie nun die Wildschweinwürfel abwechselnd mit Knoblauch und Rosmarin auf die Holzspieße.

4 Erhitzen Sie eine Pfanne mit Olivenöl und braten Sie die Spieße von allen Seiten scharf an, bis sie goldbraun sind.

5 Nehmen Sie die Spieße aus der Pfanne und servieren Sie sie auf einem Teller.

WILDPASTETE MIT CRACKERN

8 Port.

1 Std.

Leicht

Zutaten

500 g Wildfleisch, gehackt
1 Zwiebel, gehackt
2 Knoblauchzehen, gehackt
2 EL Olivenöl
100 ml trockener Rotwein
100 ml Rinderbrühe
1 EL Tomatenmark
1 TL getrockneter Thymian
1 TL getrockneter Rosmarin
½ TL Salz
¼ TL schwarzer Pfeffer
50 g Butter
50 g Mehl
250 ml Milch
1 Ei
Cracker

Nährwerte p. P.

438 kcal
16 g Kohlenhydrate
27 g Fett
1 g Ballaststoffe
27 g Eiweiß

1 Erhitzen Sie das Olivenöl in einer Pfanne und braten Sie das gehackte Wildfleisch, die gehackte Zwiebel und den gehackten Knoblauch etwa zehn Minuten lang an.

2 Geben Sie den trockenen Rotwein, die Rinderbrühe, das Tomatenmark, den Thymian, den Rosmarin, das Salz und den Pfeffer hinzu. Reduzieren Sie die Hitze und lassen Sie es für weitere 20 Minuten köcheln.

3 In einer separaten Pfanne schmelzen Sie die Butter und rühren das Mehl ein, bis es glatt ist.

4 Geben Sie die Milch hinzu und kochen Sie die Mischung unter ständigem Rühren, bis sie dick wird.

5 Geben Sie die Wildfleischmischung zur Milchmischung hinzu und rühren Sie alles gut um.

6 Lassen Sie die Mischung auf mittlerer Hitze köcheln, bis sie dick und cremig ist. Nehmen Sie die Mischung von der Hitze und lassen Sie sie abkühlen. Geben Sie das Ei hinzu und rühren Sie es gut um.

7 Füllen Sie die Mischung in eine gefettete Pastetenform und backen Sie es bei 180 °C Umluft für 35 - 40 Minuten.

8 Servieren Sie die Wildpastete mit Crackern.

WILDFLEISCH-CHARCUTERIE

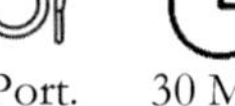

8 Port. 30 Min. Leicht

Zutaten

200 g Wildschinken, dünn geschnitten
200 g Wildsalami, dünn geschnitten
100 g Wildpastete
50 g getrocknete Wildwurst
50 g getrocknete Wildschinkenwurst
1 - 2 EL Honig
1 - 2 EL Senf
1 - 2 EL eingelegte Gurken
1 - 2 EL eingelegte Zwiebeln
1 - 2 EL Oliven
1 - 2 EL Kapern
1 - 2 EL gehackte Nüsse oder Samen (z. B. Walnüsse, Mandeln oder Kürbiskerne)
1 - 2 EL frische Kräuter (z. B. Petersilie, Thymian oder Rosmarin)
Cracker oder Baguette-Scheiben zum Servieren

Nährwerte p. P.

340 kcal
17 g Kohlenhydrate
22 g Fett
2 g Ballaststoffe
21 g Eiweiß

1 Arrangieren Sie den Wildschinken, die Wildsalami, die Wildpastete, die getrocknete Wildwurst und die getrocknete Wildschinkenwurst auf einer großen Servierplatte oder einem Brett.

2 Stellen Sie eine Schale mit Honig und eine Schale mit Senf auf die Platte und fügen Sie die eingelegten Gurken, die eingelegten Zwiebeln, die Oliven und die Kapern hinzu.

3 Streuen Sie gehackte Nüsse oder Samen und frische Kräuter über die Platte. Servieren Sie die Wildfleisch-Charcuterie mit Crackern oder Baguette-Scheiben.

WILDFLEISCH-TACOS

8 Port. 20 Min. Leicht

Zutaten

500 g Wildfleisch, gehackt
1 Zwiebel, gehackt
2 Knoblauchzehen, gehackt
1 TL Kreuzkümmel
1 TL Paprika
½ TL Chilipulver
½ TL Salz
¼ TL schwarzer Pfeffer
1 EL Olivenöl
8 Mais-Taco-Schalen
1 Avocado, gewürfelt
1 Tomate, gewürfelt
20 g gehackter Koriander
1 Limette, in Keile geschnitten

Nährwerte p. P.

289 kcal
19 g Kohlenhydrate
17 g Fett
6 g Ballaststoffe
18 g Eiweiß

1 Erhitzen Sie das Olivenöl in einer Pfanne und braten Sie das gehackte Wildfleisch, die gehackte Zwiebel und den gehackten Knoblauch etwa zehn Minuten lang an.

2 Geben Sie den Kreuzkümmel, das Paprikapulver, das Chilipulver, das Salz und den Pfeffer hinzu und braten Sie alles weitere fünf Minuten lang.

3 Erwärmen Sie die Taco-Schalen in einem Ofen oder in einer Pfanne.

4 Füllen Sie die Taco-Schalen mit der Wildfleischmischung und garnieren Sie sie mit gewürfelter Avocado, gewürfelter Tomate, gehacktem Koriander und Limettenkeilen.

5 Servieren Sie die Wildfleisch-Tacos sofort.

REH-JERKY

8 Port. 4 Std. Leicht

Zutaten

500 g Rehfleisch, in dünne Scheiben geschnitten
50 ml Sojasauce
50 ml Worcestersauce
2 EL Honig
1 TL Knoblauchpulver
1 TL Zwiebelpulver
1 TL Paprikapulver
½ TL schwarzer Pfeffer

Nährwerte p. P.

211 kcal
14 g Kohlenhydrate
3 g Fett
0 g Ballaststoffe
31 g Eiweiß

1 Vermischen Sie Sojasauce, Worcestersauce, Honig, Knoblauchpulver, Zwiebelpulver, Paprikapulver und schwarzen Pfeffer in einer Schüssel.

2 Fügen Sie das Rehfleisch hinzu und mischen Sie es gut mit der Marinade. Bedecken Sie die Schüssel mit Frischhaltefolie und lassen Sie das Fleisch mindestens vier Stunden oder über Nacht im Kühlschrank marinieren.

3 Heizen Sie den Ofen auf 80 °C Umluft vor.

4 Legen Sie das marinierte Rehfleisch auf ein mit Backpapier ausgelegtes Backblech.

5 Backen Sie das Fleisch für 4 - 6 Stunden im Ofen, bis es trocken und zäh ist.

6 Lassen Sie das Jerky vollständig abkühlen und bewahren Sie es in einem luftdichten Behälter auf.

REH-EMPANADAS

 4 Port.

 40 Min.

 Leicht

Zutaten

2 Tassen Mehl
½ TL Salz
½ Tasse kalte Butter, in kleine Stücke geschnitten
¼ Tasse kaltes Wasser

Zutaten für die Füllung:
500 g Rehfleisch, gewürfelt
1 Zwiebel, gehackt
2 Knoblauchzehen, gehackt
1 EL Olivenöl
½ TL Kreuzkümmel
½ TL Paprikapulver
Salz und Pfeffer nach Geschmack

Nährwerte p. P.

448 kcal
31 g Kohlenhydrate
29 g Fett
2 g Ballaststoffe
14 g Eiweiß

1 Für den Teig vermengen Sie in einer Schüssel das Mehl und das Salz miteinander. Fügen Sie dann die Butter hinzu und kneten Sie sie mit den Händen, bis sie krümelig ist. Fügen Sie nach und nach kaltes Wasser hinzu und kneten Sie den Teig, bis er sich zu einer Kugel formt. Wickeln Sie den Teig in Frischhaltefolie und lassen Sie ihn mindestens 30 Minuten im Kühlschrank ruhen.

2 Für die Füllung erhitzen Sie das Olivenöl in einer Pfanne und braten darin das Rehfleisch, Zwiebel und Knoblauch bei mittlerer Hitze an, bis das Fleisch gar ist. Fügen Sie Kreuzkümmel, Paprikapulver, Salz und Pfeffer hinzu und rühren Sie alles gut durch.

3 Nun rollen Sie den Teig auf einer bemehlten Oberfläche aus und stechen mit einem runden Ausstecher oder einem Glas Kreise aus. Fügen Sie einen Löffel der Reh-Füllung auf jeden Teigkreis hinzu und klappen Sie ihn zu einem Halbmond. Drücken Sie die Ränder zusammen, um sie zu versiegeln.

4 Legen Sie die Empanadas auf ein mit Backpapier ausgelegtes Backblech und backen Sie sie bei 200 °C Umluft für 20 – 25 Minuten oder bis sie goldbraun sind.

WILDENTEN-SANDWICHES

2 Port.

30 Min.

Leicht

Zutaten

4 Scheiben Bauernbrot
200 g Entenbrust
½ TL Paprika
Salz und Pfeffer
1 EL Olivenöl
½ rote Zwiebel
2 EL Balsamico-Essig
1 TL Honig
1 Handvoll Rucola
1 Handvoll Feldsalat
4 EL Preiselbeeren
2 EL Mayonnaise

Nährwerte p. P.

498 kcal
35 g Kohlenhydrate
26 g Fett
28 g Eiweiß

1 Würzen Sie die Entenbrust mit Salz, Pfeffer und Paprika. Erhitzen Sie das Olivenöl in einer Pfanne und braten Sie die Entenbrust von beiden Seiten, bis sie durchgegart ist. Nehmen Sie sie aus der Pfanne und stellen Sie sie beiseite.

2 Schneiden Sie die Zwiebel in dünne Ringe und braten Sie sie in derselben Pfanne an, bis sie glasig sind. Fügen Sie den Balsamico-Essig und den Honig hinzu und vermischen Sie alles gut.

3 Schneiden Sie die Entenbrust in dünne Scheiben.

4 Toasten Sie die Brotscheiben. Streichen Sie Mayonnaise auf die Brotscheiben. Legen Sie die Rucola- und Feldsalatblätter auf die unteren Brotscheiben.

5 Legen Sie die Entenbrustscheiben darauf. Verteilen Sie die Preiselbeeren und Zwiebeln darauf.

6 Legen Sie die oberen Brotscheiben darauf und servieren Sie die Sandwiches.

HIRSCH-CARPACCIO

   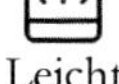

2 Port. 30 Min. Leicht

Zutaten

200 g Hirschfilet
2 EL Olivenöl
1 Zitrone
30 g Parmesan, frisch gerieben
1 EL Pinienkerne
2 Handvoll Rucola
Salz und Pfeffer

Nährwerte p. P.

365 kcal
5 g Kohlenhydrate
5 g Fett
21 g Protein

1 Um ein leckeres Hirsch-Carpaccio zuzubereiten, beginnen Sie damit, das Hirschfilet in dünne Scheiben zu schneiden und auf einer Platte anzurichten. Anschließend rösten Sie die Pinienkerne ohne Fett in einer Pfanne goldbraun und stellen sie beiseite.

2 Waschen Sie dann den Rucola und verteilen Sie ihn auf dem Hirschfilet. Vermengen Sie Olivenöl und Zitronensaft und träufeln Sie diese Mischung über das Hirschfilet und den Rucola. Streuen Sie den frisch geriebenen Parmesan und die gerösteten Pinienkerne darüber und würzen Sie das Carpaccio mit Salz und Pfeffer.

3 Nun kann das Hirsch-Carpaccio serviert werden, am besten mit frisch gebackenem Brot oder Baguette.

Saucen & Beilagen

KARTOFFELN MIT JUS

 6 Port.

 50 Min.

  Leicht

Zutaten

1 kg Kartoffeln
500 ml Wildfleischfond
2 EL Mehl
2 EL Butter
Salz und Pfeffer

Nährwerte p. P.

270 kcal
48 g Kohlenhydrate
7 g Fett
5 g Ballaststoffe

1 Sie beginnen damit, die Kartoffeln gründlich zu waschen und in einem Topf mit Salzwasser zu kochen, bis sie gar sind. Währenddessen können Sie die Jus zubereiten.

2 Erhitzen Sie den Fond in einem Topf und bringen Sie ihn zum Kochen. Reduzieren Sie die Hitze und lassen Sie den Fond etwa zehn Minuten köcheln.

3 In einer separaten Pfanne schmelzen Sie die Butter und fügen das Mehl hinzu. Rühren Sie die Mischung etwa zwei bis drei Minuten lang an, bis sie goldbraun ist.

4 Geben Sie die Mehl-Butter-Mischung zum Fond und rühren Sie alles gut um. Lassen Sie die Mischung auf niedriger Hitze etwa zehn Minuten lang köcheln, bis die Sauce etwas eingedickt ist.

5 Wenn die Kartoffeln gar sind, können Sie sie auf Teller verteilen und mit Salz und Pfeffer würzen. Gießen Sie dann die Jus über die Kartoffeln und servieren Sie das Gericht.

6 Besonders lecker schmeckt Jus zu frischem Wildschweinfleisch.

CUMBERLANDSAUCE

6 Port. 20 Min. Leicht

Zutaten

200 g Preiselbeermarmelade
100 ml Portwein
50 ml Rotweinessig
1 Zimtstange
2 Nelken
1 Sternanis
1 Prise Salz
1 Prise Pfeffer

Nährwerte p. P.

118 kcal
26 g Kohlenhydrate
0 g Fett
0 g Protein

1 Cumberlandsauce ist eine würzige und fruchtige Sauce, die hervorragend zu Wildgerichten passt. Besonders gut harmoniert sie mit kräftigen Fleischsorten wie Hirsch, Reh oder Wildschwein.

2 Geben Sie die Preiselbeermarmelade in einen Topf und erhitzen Sie sie auf mittlerer Hitze.

3 Geben Sie den Portwein und den Rotweinessig in den Topf und vermischen Sie alles gut miteinander.

4 Fügen Sie die Zimtstange, Nelken und Sternanis hinzu und lassen Sie die Sauce unter ständigem Rühren für etwa zehn Minuten auf mittlerer Hitze köcheln. Die Sauce sollte leicht eingedickt sein.

5 Schmecken Sie die Sauce mit Salz und Pfeffer ab.

6 Gießen Sie die Sauce durch ein Sieb, um die Gewürze zu entfernen, in eine Sauciere.

7 Servieren Sie die Cumberlandsauce warm oder kalt zu Wildgerichten.

Tipp: Wenn die Sauce zu süß ist, können Sie ein wenig Essig hinzufügen, um den Geschmack auszugleichen.

PFEFFERSAUCE MIT SPÄTZLE

6 Port.

20 Min.

Leicht

Zutaten

500 g Spätzle
500 ml Rinderbrühe
250 ml Sahne
2 EL grüne Pfefferkörner
2 EL Butter
2 EL Mehl
Salz und Pfeffer zum Abschmecken

Nährwerte p. P.

636 kcal
75 g Kohlenhydrate
27 g Fett
19 g Eiweiß

1 Bereiten Sie die Spätzle gemäß der Packungsanweisung in kochendem Salzwasser zu und halten Sie sie warm. In einer Pfanne rösten Sie die grünen Pfefferkörner kurz an und nehmen sie dann aus der Pfanne, um sie grob zu hacken.

2 In derselben Pfanne lassen Sie die Butter schmelzen und fügen das Mehl unter Rühren hinzu. Braten Sie die Mischung unter ständigem Rühren für ca. zwei bis Minuten an, bis sie goldbraun ist.

3 Fügen Sie nach und nach die Rinderbrühe hinzu und rühren Sie dabei ständig, um Klumpen zu vermeiden. Geben Sie die Sahne hinzu und rühren Sie weiter.

4 Geben Sie die gehackten Pfefferkörner in die Sauce und lassen Sie sie auf niedriger Hitze für weitere zehn Minuten köcheln, bis sie etwas eingedickt ist. Abschließend können Sie die Pfeffersauce mit Salz und Pfeffer abschmecken.

5 Verteilen Sie die Spätzle auf Teller und geben Sie die Pfeffersauce darüber.

FEIGEN-PORTWEIN-SAUCE MIT KARTOFFELN

4 Port. 30 Min. Leicht

Zutaten

4 große Kartoffeln
2 Schalotten, fein gehackt
1 EL Olivenöl
8 reife Feigen, gewaschen und geviertelt
250 ml Portwein
250 ml Rinderbrühe
2 EL Honig
2 EL Butter
Salz und Pfeffer

Nährwerte p. P.

320 kcal
44 g Kohlenhydrate
9 g Fett
9 g Eiweiß

1 Die Kartoffeln gründlich waschen und dann in einem Topf mit Salzwasser ca. 20 – 25 Minuten kochen, bis sie gar sind. Die Schale danach abziehen, wenn gewünscht.

2 Währenddessen können Sie die Schalotten in Olivenöl glasig dünsten. Geben Sie die Feigen hinzu und braten Sie sie für zwei bis drei Minuten mit.

3 Fügen Sie den Portwein hinzu und lassen Sie die Flüssigkeit auf mittlerer Hitze um etwa die Hälfte reduzieren.

4 Geben Sie die Rinderbrühe und den Honig hinzu und vermengen Sie alles gut. Die Sauce sollte auf niedriger Hitze für 10 – 15 Minuten köcheln, bis sie eingedickt ist.

5 Fügen Sie die Butter hinzu und lassen Sie sie unter Rühren schmelzen. Schmecken Sie die Feigen-Portwein-Sauce mit Salz und Pfeffer ab.

6 Die gekochten Kartoffeln können nun abgegossen und auf Teller verteilt werden. Würzen Sie sie mit Salz und Pfeffer.

7 Gießen Sie die Feigen-Portwein-Sauce über die Kartoffeln und servieren Sie das Gericht.

8 Die köstliche Feigen-Portwein-Sauce passt hervorragend zu dunklem Wildfleisch wie Hirsch, Reh oder Wildschwein.

BLAUBEERSAUCE

4 Port. 20 Min. Leicht

Zutaten

250 g Blaubeeren
1 Zwiebel, fein gehackt
2 EL Olivenöl
2 EL Rotwein
250 ml Rinderbrühe
1 EL Honig
1 EL Speisestärke
Salz und Pfeffer

Nährwerte p. P.

80 kcal
11 g Kohlenhydrate
3 g Fett
2 g Ballaststoffe
2 g Eiweiß

1 Die Blaubeeren zunächst gründlich waschen und abtropfen lassen.

2 Erhitzen Sie das Olivenöl in einem Topf und dünsten Sie die Zwiebel darin glasig an. Geben Sie dann die Blaubeeren hinzu und braten Sie sie kurz mit.

3 Löschen Sie alles mit Rotwein ab und fügen Sie die Rinderbrühe hinzu. Vermischen Sie alles gut und lassen Sie die Sauce auf mittlerer Hitze für etwa fünf Minuten köcheln.

4 Geben Sie nun den Honig hinzu und lassen Sie die Sauce unter Rühren auf niedriger Hitze für weitere zwei Minuten köcheln.

5 Vermischen Sie die Speisestärke mit etwas kaltem Wasser und geben Sie sie dann zur Sauce. Rühren Sie dabei ständig, um Klumpen zu vermeiden.

6 Lassen Sie die Sauce auf niedriger Hitze für weitere fünf Minuten köcheln, bis sie eingedickt ist. Schmecken Sie die Blaubeersauce mit Salz und Pfeffer ab und servieren Sie sie zu Wildgerichten.

KANINCHEN-SENFSAUCE

4 Port.

1 Std.

Leicht

Zutaten

500 g Kaninchenfleisch
1 Zwiebel, gehackt
2 Karotten, gewürfelt
1 Stange Lauch, gewürfelt
2 EL Senf
500 ml Gemüsebrühe
100 ml Sahne
2 EL Olivenöl
2 Zweige frischer Thymian
2 Lorbeerblätter
Salz und Pfeffer nach Geschmack

Nährwerte p. P.

300 kcal
9 g Kohlenhydrate
15 g Fett
30 g Eiweiß

1 Um eine köstliche Senfsauce aus Kaninchenfleisch zuzubereiten, sollten Sie zunächst das Kaninchenfleisch in kleine Stücke schneiden und mit Salz und Pfeffer würzen. Anschließend erhitzen Sie das Olivenöl in einem großen Topf und geben das gewürzte Kaninchenfleisch hinein. Braten Sie das Fleisch unter ständigem Rühren an, bis es goldbraun ist.

2 Sobald das Fleisch goldbraun gebraten ist, fügen Sie die gehackte Zwiebel, die gewürfelten Karotten und gewürfelten Lauch hinzu. Braten Sie das Gemüse einige Minuten lang mit dem Kaninchenfleisch an, bis es weich geworden ist.

3 Als Nächstes geben Sie den Senf in den Topf und rühren alles gut um. Anschließend können Sie die Gemüsebrühe, einige Zweige frischen Thymian und ein paar Lorbeerblätter hinzufügen und zum Kochen bringen.

4 Reduzieren Sie die Hitze und lassen Sie die Sauce 30 bis 40 Minuten lang köcheln, bis das Kaninchenfleisch gar ist und sich die Aromen gut miteinander vermengt haben.

5 Sobald das Fleisch gar ist, geben Sie Sahne hinzu und kochen die Sauce noch einmal auf. Entfernen Sie nun die Thymian- und Lorbeerblätter aus der Sauce und schmecken Sie sie mit Salz und Pfeffer ab, um den Geschmack zu perfektionieren.

6 Mit diesen Schritten haben Sie eine leckere Senfsauce aus Kaninchenfleisch zubereitet, die perfekt zu einer Vielzahl von Beilagen passt.

PILZSAUCE MIT KAROTTEN UND LAUCH

4 Port.

50 Min.

Leicht

Zutaten

500 g Kaninchenfleisch
1 Zwiebel, gehackt
2 Karotten, gewürfelt
1 Stange Lauch, gewürfelt
250 g Champignons, in Scheiben geschnitten
2 EL Mehl
500 ml Gemüsebrühe
100 ml Sahne
2 EL Olivenöl
2 Zweige frischer Thymian
Salz und Pfeffer nach Geschmack

Nährwerte p. P.

315 kcal
12 g Kohlenhydrate
17 g Fett
28 g Eiweiß

1 Schneiden Sie das Kaninchenfleisch in kleine Stücke und würzen Sie es großzügig mit Salz und Pfeffer.

2 Erhitzen Sie das Olivenöl in einem großen Topf auf mittlere bis hohe Hitze. Geben Sie das gewürzte Kaninchenfleisch in den Topf und braten Sie es unter gelegentlichem Rühren an, bis es goldbraun und knusprig ist.

3 Fügen Sie die gehackte Zwiebel, die gewürfelten Karotten und den in kleine Stücke geschnittenen Lauch hinzu und braten Sie sie zusammen mit dem Kaninchenfleisch einige Minuten lang an, bis sie weich und duftend sind.

4 Geben Sie die in Scheiben geschnittenen Champignons hinzu und braten Sie sie einige Minuten lang mit, bis sie weich und braun sind.

5 Streuen Sie das Mehl über das Gemüse und das Kaninchenfleisch und rühren Sie alles gut um, bis es gleichmäßig bedeckt ist.

6 Fügen Sie die Gemüsebrühe und die Thymianzweige hinzu und bringen Sie die Sauce zum Kochen.

7 Reduzieren Sie die Hitze auf mittlere Stufe und lassen Sie die Sauce für 20 – 25 Minuten köcheln, bis das Kaninchenfleisch gar und die Sauce eingedickt ist.

8 Fügen Sie die Sahne hinzu und bringen Sie die Sauce noch einmal zum Kochen.

9 Entfernen Sie die Thymianzweige und schmecken Sie die Sauce mit Salz und Pfeffer ab.

Hinweis: Die Kochzeit kann je nach Größe der Fleischstücke variieren. Stellen Sie sicher, dass das Kaninchenfleisch vollständig gegart ist, bevor Sie die Sauce servieren.

COGNACSAUCE ZU FASAN

4 Port. 30 Min. Leicht

Zutaten

2 EL Butter
1 Zwiebel, gehackt
1 Knoblauchzehe, gehackt
1 Tasse Hühnerbrühe
300 ml Sahne
100 ml Cognac
1 Zweig Rosmarin
1 TL Pfeffer
Salz nach Geschmack

Nährwerte p. P.

219 kcal
4 g Kohlenhydrate
19 g Fett
4 g Eiweiß

1 Schmelzen Sie die Butter in einer Pfanne bei mittlerer Hitze und braten Sie die Zwiebel und den Knoblauch darin an, bis alles weich und goldbraun ist.

2 Geben Sie die Hühnerbrühe, Sahne, Cognac, Rosmarin und Pfeffer hinzu. Rühren Sie gut um und lassen Sie die Sauce bei mittlerer Hitze köcheln, bis sie um etwa ein Drittel reduziert ist.

3 Nehmen Sie den Rosmarinzweig aus der Sauce heraus und würzen Sie die Sauce nach Geschmack mit Salz.

4 Passieren Sie die Sauce durch ein Sieb und drücken Sie dabei die festen Zutaten durch, um eine glatte Sauce zu erhalten.

5 Geben Sie die Sauce zurück in die Pfanne und erhitzen Sie sie, bis sie heiß ist.

6 Servieren Sie die Sauce über dem Fasanenfleisch.